U0111565

大展好書　好書大展
品嘗好書　冠群可期

大展好書　好書大展
品嘗好書　冠群可期

武學釋典：31

拳意禪心

關玥 著

大展出版社有限公司

拳意禪心

上善若水
隨曲就伸

觀關羽兄打拳有感

癸巳夏 天頤窑雲原書

直奔源頭
或回到起點

關師囑我作序，心裏生出些忐忑。我的理解，序的功能目的之一，有薦書的意思，最好是有一定社會影響力的名人所為，我不是名人，沒有合適的身分寫這篇序，有不自量力之嫌，有誤人心血之虞。然而關師慰我：「這些年，你聽我『胡言亂語』最多，更知我所思所行，你寫，總是比別人多了份瞭解，少了份揣測。且這本書的緣起是你，總要說點什麼。」好吧，於是我寫。

這是一本不易歸類的書。從太極拳、武術談起，貫穿以智慧覺知，縱橫於釋儒老莊，看似離題萬里，實則萬法歸一。如行拳的奔放舒展與收束歸斂，每每有「來如雷霆收震怒，罷似江海凝青光」的感悟快意，我讀，時而撫掌大笑，擊節讚賞，亦時時有四顧茫然無人分享的憂怯。

談及武術，最常見的兩句評語，是「源遠流長」與「博大精深」。也正是因了歷史的悠久和內涵的豐富，導致了理解和認知的差異。武術的現代體育化改造，讓它有了「官方武術」與民間武術的分野；影視文學作品的描

述，更是讓人們在心目中對武術的浪漫主義想像與本來面目之間界限模糊。

近代以來，中國飽受外強欺凌，在科技與工業化水準落後的背景下，武術幾乎成了國人在一段時期寄託民族自尊心的唯一載體，滿足民族自豪感的唯一出路，彷彿透過武術的修練獲得的神功異能，以及在電影和電視裏打敗的那幾個西洋力士、東瀛武士讓我們暫時長長地出了一口氣。於是，「寧願相信」的心理與影視文學作品的浪漫式呈現，讓武術始終在「神祕」與「神奇」間遊走，不得落地。也讓我們這些繼承了這一偉大遺產的子孫們，沒得到真的大益處。反倒是不知成就了多少終被揭穿的「大師」，辜負了多少青春的夢想與少年的熱情。

到了正本清源的時候。對一件事物的認識，天長日久，因附會了太多的誤讀與偏差，「隔著時空的誤會」比比皆是。最好的認知方法，是「直奔源頭」，或「重回起點」，看看為什麼出發，是什麼緣起。這樣，往往容易接近真相。

武術的傳習，從理論到技術，從一拳一腳的肢體動作，到拳禪合一的生命高度，這中間看似隔著千山萬水，接引的橋樑和路徑是什麼？這需要從根本上去理解和闡述。這種認知方法，從習練一種技藝開始，可以延伸到生活和生命的許多方面，由是，方能有悟有得。

薦書總要有理由的。這是一本真正有誠意的作品，是理由之一。這本書裏，沒有人云亦云、甚至不知所云的常見言說，而是在身體力行、實修證悟後的體驗分享。這背

後，是一個人把自己三十多年修為的心血成果毫無保留地呈現出來的誠心誠意。三十多年，花費的是時間，更是生命。時間是個冷冰冰的物理量，而生命，則有血有肉有溫度。一個人用自己的生命做了耕耘與實踐，並對如此得來的正知正覺不自密私享，而是和盤托出坦誠相告——念及此，已動容。

語言的流變，讓許多辭彙的內涵發生了窄化，如「誠」字，「德」字，在現代漢語中皆與古代漢語有所差異。在古代漢語中，這些字的內涵往往更豐富，能激發人不同的身心感受。《大學》中花了一定的篇幅論述「正心誠意」，值得我們細心揣摩古人用心。「誠」不僅僅是虔敬、真摯，更包含著堅定不移的信念和鋼鐵般的意志。

前面提及憂怯。憂怯，是勇氣的不在。這本書的勇氣，是推薦的第二個理由。發人所未發，是需要勇氣的。就如熱愛真相和追求真理，同樣需要勇氣。人們喜歡被道理說服，但經常在真理面前卻步。往前走，是需要勇氣的，有時是背離眾人的孤獨，有時是幻象崩塌的空虛，這勇氣，便是「隨緣近道」的一份坦然。

人們往往依據習性與慣性生活，並於不知不覺間接受周遭的影響與制約，也因了某種微妙的心理或現實需求，往往做不了自己的主。基於與生俱來的好奇心，人往往喜歡探究事物的因果，但又拘囿於認知能力的限制，到了一定階段，便無法繼續深入，而滿足於暫時的結論。這種內外因素的交互作用，讓人滿足於階段性的成果，以為了然了終極究竟。當有人不甘心，行至更高處，便看到更廣闊

的局部，也更接近了整體。

最難得的，是書的見地——這是推薦的第三個理由。從太極而至武術，從武術而至文化，從文化而至生命的提升；從古代而至現代，從長遠而至當下，從精神靈性而至柴米油鹽，依附於「覺知」的核心，對許多重要且基本的問題和概念，做了腳踏實地的回答，如同暗室鑿光，逐漸擴大，終至豁然開朗，又像借由一束光的照耀，看清整個世界。就如太極給予我們的巨大而至簡的啟示：那種「當機」的狀態，那種向任何一個向度發展的可能性，是「認識」的起點，是覺知的起點。

我似乎找到了推薦這本書的合適身分——我是這本書的第一個受益者，亦懷著同樣的誠意推薦它。想去歲冬日，關師意外受傷小腿骨折，需臥床休養兩三個月，「與其無所事事，不如寫本書吧」——我這樣遊說。關師竟聽了，不及月餘，即交給我十四萬字的書稿，又幾經輾轉，終遇識珠之人。往事不遠，總提醒緣分的奇妙。

無論是技藝的傳習還是靈性的修練，走在正確的路上，便不再怕山高水遠，也便能欣賞沿途的風景。滋養這份覺知，然後看看它能把我們帶到哪裏。

孫洪濤

乙未年初夏於中央人民廣播電台

了然學問

　　春秋幾度，如沙般在指縫間流走，過隙白駒，人生於猝不及防中消逝。所求所得、所失所戀、所寄託、所執著，一切一切，終為水月鏡花。面對此生，我們所有被強加的、得來的及臆測的答案，又是否真的能夠使心的焦慮和困擾於那一刻釋然平靜。

　　佛法說，「得大解脫，須有大疑情。」懷疑，本是人固有的性質，並不稀奇，更是人之所以成為人的重要因素。其來自於生物對於自身生存的擔憂與恐懼，或者說，懷疑，來自於不瞭解。不瞭解自己，不瞭解周遭，不瞭解一切。於是人們傾向用這樣那樣的答案來迴避所有的疑問，從經典、從書籍、從各種各樣的師父那裏。而問題在於，如果我們沒有親自體驗並親自找到，一切從外而來的答案無非是短時期的矇騙，或者說取決於我們自己想要矇騙自己多久。

　　界原是整體，是我們的生存需求使之有了東西南北；世本無節點，是我們的順序習性創造了過去未來。這一切

無非方便，本無對錯，而當侷限與困擾遠大於方便時，則說明我們離源頭已經太遠太遠。方便的作用，是使我們可以有序地接受整體，而同時也形成了我們在整體面前的侷限。當分裂、片段的生活方式與思維方式逐漸地融侵入我們的意識深處，我們瞭解整體的可能也就變得越來越微乎其微。

佛經中有盲人摸象的譬喻，其主旨並非否定幾位盲人的見解，而是要說明每一個不同的見解在自己片面侷限的角度與範圍裏都是正確的，而只有看到全部之後，才能理解其他每一個人的獨到與侷限，才能真正化解以偏概全者彼此堅持自己見解而產生的無謂紛爭。

瞭解，只能是在見到整體以後，而部分的、片面的瞭解不僅不會解決困擾與疑問，甚至會使問題愈加紛繁複雜，甚至會導致自我在某個領域的徹底否定與自信的全盤喪失。之前說到疑情，而無論疑與信，其關鍵在穿透表象去抓住根本。知所先後，且得其一，則萬事畢矣。

盲人摸像這個故事更深的啟發在於，縱然每一個人都侷限在自己的認識裏，但每一個人的手還都是放在大象身上的。試想如果這其中有人把手放在了大象以外的其他東西上，問題就會演變得更為複雜，爭論也就越來越顯示出徒勞與無謂。而這種現象其實就反映在我們許多所謂的學術探討中，看似火熱積極、百家爭鳴，實則不知所云，空耗精力與時光，更甚者則於學問貽害無窮。

在中國傳統武術的繼承與研究中，也同樣出現種種質疑和爭論，每個人都在試圖尋找著令自己滿意的答案。其

中有強調養生的，有推崇技擊的，有玩味理趣的，但終不能達成共同的認知，甚至很難自圓其說。

中國傳統武術是中國傳統文化的重要表現形式之一，是中國傳統文化在人身體上的體現。以太極拳、形意拳和八卦掌為代表的內家拳更是從名稱到理念上都表達著這種文化屬性。

世界上任何一種藝術都是因為其內在的文化支撐而彰顯獨特，中國傳統武術亦然。中國傳統武術的真正魅力，並不在於世界上所有的武術都共有的技擊性、養生性及趣味性，而在於蘊含其中的深厚的中國傳統文化。而中國傳統文化的精髓之處就是透過對於自我和外部的認知，達到對於天地之理的了然。

所謂學問，常解為有學有問，聽上去似是而非，退其私則一無所獲。所謂學，為人一生中所有實踐經驗；問，是人生中所有困惑與謎團。在實踐經驗與感悟中逐漸掃清困擾與迷惑，才是真正的做學問。困擾愈少，自然學問愈大。

大易不言占，因為當已經看見整體時，一切就了了分明的呈現在眼前，所謂人焉廋哉。而占，只顯示了對於未知和不確定性的茫然無措。易為日月，標示天地，日月為明，直指人心，也就是最終的知己知人知天地。通俗地講，人這一生縱然內容眼花繚亂，其唯一的意義，無非是最終做個明白人。

關　玥

目錄 CONTENTS

CONTENTS

拳意禪心

第一章・緣起太極拳

任何拳術只要是以太極理論作為指導來進行訓練和實踐，就都可以被稱為太極拳。由此也可以想見，太極拳絕不可能是某一個人或某一家族創造的。太極拳絕對是集體意識的表現，是由中國人的性格與內外品質決定的，是中國傳統文化獨一無二的產物。

無論富貴或是貧窮，也不管社會地位的高貴與卑微，每個人都擁有活明白的權利和機會，而這個明白的權利和機會，也正是眾生平等的真實意義所在。還有，我們談的，其實不僅僅是武術的一拳一腳。

◆

一、什麼是太極拳

　　每說到中國文化，武術必是其中無法忽略的內容，甚至在對外界展示的時候，因為其獨特的魅力而需要擺放在比較顯眼的位置。甚至可以說，在近現代的某一段時間裏，外界接觸並開始試圖瞭解中國文化的主要契機，就是透過銀幕上的中國功夫。

　　提到中國武術，又因為其與中國傳統文化的緊密聯繫則必說內家拳，而太極拳藉助各種宣傳管道，無疑成了內家拳的形象代言人，進而成了中國武術的形象代言人。

　　沒有任何企圖來給太極拳下一個完整的、精確的、終極的定義，所有的探討都不過是希望由逐漸深入的理解，來更有效地獲得更加真實的認識和體驗。對於任何事物來說，下定義都是一種暴力的行為，因為下定義之後我們就

可以在未知面前找到安全感，並可以對自己進行欺騙，給自己一種已經瞭解的錯覺，同時會因為這個自認的瞭解而停止繼續的關注。

下定義只是一瞬間的事，而深刻的理解和真實的體驗則需要一生的不棄不離，且需要面對未知永遠保持一種開放的心態。所有定義生命的企圖，都不過是在以對立的態度扼殺生命，但是要理解和體驗生命，唯一的方式就是與生命生活在一起，愛生命。下定義是蓋棺的死亡，而理解和體驗，才是活生生的生活。

太極拳不是一系列固定的、特定的動作組合，也不是一種固化的風格或特色。太極拳是以太極理論來指導拳術，用拳術來表現太極理論，是無形無相的太極之道在有形有相拳術中的體現。可以說，任何拳術只要是以太極理論作為指導來進行訓練和實踐，就都可以被稱為太極拳。由此也可以預見，太極拳絕不可能是某一個人或某一家族創造的。

太極拳絕對是集體意識的表現，是由中國人的性格與內外品質決定的，是中國傳統文化獨一無二的產物。道理很簡單，我們可以用姓氏稱自己的產品為張家的包子或李家的餃子，但我們絕不能宣稱包子、餃子就是我們自己的獨家創始。

或者說，太極拳是中國傳統文化在人體運動中的完美體現。對於自身，為正心誠意，修身養性；在技擊方面，則以柔克剛，四兩撥千斤；在更高的層面，太極拳則在於由對自身的修練來推己及人，並逐漸與自然和諧，以至最

終通達天人合一的境界。

　　太極，是對宇宙最原初狀態的一種形容，太極拳經稱其為「陰陽之母」，也就是在陰陽未分之前的狀態。因為名可名，非常名，所以所有對於道的稱呼都是不得已的符號。叫真理也好，佛性也罷，總之太極這個詞同樣代表了整體，是道的另一個名稱。

　　如果道是放之則彌六合，退而卷藏於密的，是上善若水般地無處不在，那麼道也自然存在於最激烈、最極端、最不理智的搏鬥中。正是，狗子也有佛性。

　　所以說，雖然拳術是微末技藝，但也只有經過精益求精的切磋琢磨，了然了天地自然之理，才不枉太極之名。

　　那麼，當拳術合於太極之理時，應該是一種什麼狀態呢？首先我們來看，《太極拳經》第一句就說，「太極者，無極而生，動靜之機，陰陽之母也」。

　　經典不是用來解釋的，因為所有的經典與教義都是啟發性的，而尋求字句間的唯一釋義本身就是緣木求魚的愚蠢行為。

　　如人與人的日常交流，只不過是在彼此對於相同事物的不同感受的基礎上，試圖達成一個模糊的共識。張三眼中的藍色與李四眼中的藍色一定存在著差異，那麼藍色這個詞不過是兩人對於這種顏色在交流中達成的模糊共識，所以把電器的智能功能，叫模糊。

　　就《太極拳經》這開頭幾句，不同的人自然也會有不同的感受和啟發。有的人會簡單地認為這只是江湖式的開篇套路，有的人會聯想到無中生有萬法唯心，甚至有人會

與量子物理學、宇宙大爆炸的理論相互印證。而我們就暫且從這個「機」字入手，嘗試性地理解一下太極拳所追求的狀態。

據考證，《太極拳經》第一句中，「動靜之機」這四個字是後來加上去的，但就這並不「原版」的四個字，卻同樣能給我們很多啟發。

對於太極狀態的描述，這個動靜之機的「機」字，用得非常生動。這個機，就是動作未發之前，陰陽未判之時，一種可能向所有趨勢發展的狀態，或者說擁有一切可能性。這個狀態可以比喻為真空中懸浮靜止的物體，靜止是因為沒有受到特定方向的力，但同時也因為靜止才擁有向任何一個向度移動的可能。一有動機，一受力，這個靜止的物體就開始向一個特定的方向運動，並隨著這個運動引發出一系列的連鎖反應，從而接受更多的外力，其動作的軌跡也就趨向複雜。

這也如人的心念，念頭一起，一切便紛飛縈繞，連起的不僅是鏈條，實是一張錯綜全息的網。被黏在網中如飛蟲垂死掙扎的，正是這個網的製造者，我們自己。說遠了。

動作做出來了，事物形成了，也就循了相應的軌跡，俗稱上了道。於是一切都成了必然的，也就是可以預測和控制得了，至少在一定的片斷的循環裏是。

如事物的成住壞空，如人的生老病死。稱之為命也好，叫業力也罷，總之已經定型了，至少趨勢是定了的。所以當子張問孔子「十世可知也？」的時候，孔子說「雖

百世可知也」，當然，前提是明瞭因果。拳術所需掌控的，術數所能推算的，透過修練所要改變的，都是這個已然成為趨勢的片斷。

太極拳就是要訓練自己保持一種當「機」的狀態，在這種狀態中，就能保持一種向所有向度發展變化的可能，永遠保持一種新鮮，永遠處在當下的一刻，用一句因為流行而褪盡了含金量的話說就是，活在當下。用太極拳的話說，就是「太極本無法，動即是法」。只有這樣，才有可能做到拳經中描述的「得機得勢」，而「得機得勢」了，也自然就勝券在握了。

不僅僅是拳，生活中的理想狀態，也是要時刻保持這種「得機得勢」，只是有感而應，隨波逐流，不主動，不主觀，不盲目。湯之《盤銘》曰：「苟日新，日日新，又日新。」《康誥》曰：「作新民。」用現在話說就是，每一刻都是嶄新的。

處在每一個當下，不停留固化在任何一個過去與未來，這時的拳道微末技，才有可能達到拳禪合一的境界。

總之，拳以太極命名，因為太極這種狀態是拳術的理想狀態，也是所有其他形式修練者始終的追求目標。能念念不忘地保持對這種狀態的追求，也就做到了拳拳服膺，須臾不可離也。還是俗語好理解，行住坐臥，不離這個。至於流連於哪一家哪一派，糾結在多少動作多少式，或是將某一原本是自性流露的風格當作固化的規範，都是因著了相，而產生了偏差。

深刻的理解，意味著穿透了表面，而越理解、越接近

本質，也就越能夠接受外表的多樣性，越減少了對於名相的執著。畢竟，無論是形意、心意、八卦、還是內家外家這樣的名相，都是從不同的角度表達著自身與天地之理終極和諧的追求。套用《金剛經》的句式，「太極拳者，即非太極拳，是名太極拳。」

二、太極拳練什麼

如果說太極拳的理想狀態就是這種活在當下的得機得勢，保持「動即是法」的可能性，那麼要達到這種狀態到底需要什麼條件和素質呢？也就是說，太極拳到底練的是什麼？或者說，中國所謂的內家拳練的到底是什麼？

對於這個問題，可謂仁者見仁、智者見智、眾說紛紜。且公說公有理，婆說婆有理，每個人都各執己見，卻也從未曾說服了彼此。

有人說太極拳、內家拳練的是勁兒，理由是，拳術之道，貴乎用勁。且先不說這所謂勁兒的概念是否具有達成共識的統一，僅從表面觀察，從所謂外家的長拳短打到西方的拳擊格鬥，哪個又練的不是勁兒。既然都在追求同一個目標，那人家沒有扯上陰陽五行八卦天干地支十二生肖的，也出了功夫，太極拳、內家拳又怎算得上獨樹一幟、另闢蹊徑。

有人說太極拳、內家拳練的是整，就算再孤陋寡聞，也相信大家都欣賞過巔峰時期的泰森在比賽中的表現，誰又敢說他的移動與揮拳不整。不知道老達馬托在訓練泰森

時，一天安排了多少組雲手，或多少個金剛搗錐。

也有人說太極拳練的是四兩撥千斤，四兩撥千斤無非是對於技巧精妙運用的描述，屬於技術層面。從這個層面考慮，中國的摔跤、日本的柔道都是致力於這個目標。也許這正好解答了為什麼在推手比賽中，對手儀式性的打三圈四正手用以表白自己太極拳的名分之後，怎麼看都是穿著馬甲的摔跤。

更有人說，太極拳練的是內功，且不說這內功與前些時日一些企業宣傳要苦練內功是否練的是同一種東西，光是坊間對於內功概念的曲解，就給人一種一閉眼一抱腦袋，對手自然就牆上掛畫或跌下山崖、所有問題就自然解決的幻象。

最近一位太極拳大師總結出，太極拳練的就是丹田，並表示不煉丹田太極拳就白練了，不知這用畢生時間練出的丹田是從生就帶來的還是死能帶去的，再看看大師的腰腹，相信許多對於身材比較在意的年輕人最終還是會選擇仰臥起坐的。

《孫子兵法》裏說：「知己知彼，百戰不殆。」為什麼不是「兵強糧足，百戰不殆」，也不是「更快更高更強，百戰不殆」，而是「知」了才能百戰不殆？在各種的經典拳論中也每每提到，太極拳是一種「人不知我，我獨知人」的「知覺」運動，而且「英雄所向無敵，蓋皆由此而及也」，都是因為這個「知」。

這個知，就是知道、明瞭、明白，或者叫覺知。不僅僅是拳術對抗中的失敗，就是生活中所有其他方面的失

敗，以及所有的痛苦逆境，其根本緣由都是因為我們的不覺知，對周遭，對自己，對一切。佛把這個眾生的特性，叫無明，說白了，就是什麼也不知道。不知道來龍去脈，不知道前因後果，不知道何去何從。俗話叫，蒙在鼓裏。那麼「知了」時候，也就是「明心見性」了。

「明心見性」是佛家禪宗的說法。佛字，左人右弗，弗者非也，也就是說佛不是人嘛。那麼怎麼就不是人了呢，大乘義章中說：「既能自覺，復能覺他，覺行圓滿，故名為佛。道言自覺，簡異凡夫，云言覺他。明異二乘，覺行究滿，彰異菩薩，是故獨此偏名佛矣。」說白了，就是迷的就是人，覺了就成佛，覺了就是知了。人與佛，差的就是這麼一點覺知。拳家總愛說「拳禪合一」的話，那麼最後能和禪合的，肯定不是餓虎掏心或搬攔錘，而只能是這一份明白與覺知。

《大學》中說：「物有本末，事有終始，知所先後，則近道矣。」只有覺知到事物的本末始終，也就明白了先後，其解決問題的方式也就自然顯現，而且最接近天地自然之理。也就是說當我們知道了事情的來龍去脈、前因後果、自然也就是知道何去何從了。在生活中如此，在搏擊中亦然，當一切狀況已然了了分明，得機得勢就是必然的結果。

在拳術搏鬥中，勝利者一定是「先知先覺」，而覺後的勝利，則是不需附加思索的水到渠成。在生命中，任何的困苦與迷惑，在「知」面前，都將自然消失。

即使是電影中的賭神賭聖，其勝利的核心也是既知道

自己的牌，也知道對方的牌。紅樓夢中有一首「好了歌」，事實是，知了也就了了。

世間一切的學問，在眼花繚亂的外衣之下，在名目繁多的包裝之內，所運用的和所尋求的，無非就是這份覺知。對付夢中所有難題的最直接方法，就是醒來，既然這個世界只是人們「心」中的幻象，那「知」也是應對幻象的唯一解決方式。

在古代的文學作品裏，描述一個得道之人的神通廣大經常用到的語句是，「上知天文，下知地理」或「前知五百年，後知五百年」，其中的關鍵並不是前後五百年的天文地理，而是「知」。前後五百年的天文地理都在片刻不停的變化之中，而知卻是永無改變，所以只有這份覺知，才是生之前就有，死之後不滅的恆常。練拳，練的就是這份了了分明的覺知。

孔子說：「知之為知之，不知為不知，是知（智）也。」人如果能覺知到並接受了自己的無知，也就真正開始了無盡的智慧之旅。太極拳核心訓練的目的，就是培養覺知或者說是使覺知顯現。

三、如何面對太極拳

我們研究任何一門學問，都不應該僅僅是給自己找個精神寄託，更不要用寄託編織神話。既然練拳練的是個覺知，是個明白，那麼就要從頭至尾都弄明白，所謂知所先後，不能糊裏糊塗地開始，糊裏糊塗地結束，如我們絕大

多數的人生。

　　無論承認與否，很多參加廟裏禪七的，不過是藉機清理一下腸胃或改善一下身體狀況，當然，無可厚非，佛一定不會怪罪的。所以眾多太極拳習練者們的目的和動機也是多種多樣的，各有各的理由。但問題是大多數習練者都是簡單地接受一個別人給的理由，或者根本就是迴避這個問題，一塊熱鬧罷了。

　　重點是，如果我們搞不懂到底為了什麼來練習，那麼就會變得盲目，盲目的行為是最沒有意義的。試想，數十年堅持每天把百十來個同樣的動作不知所云地做幾遍，本身就是一件很可笑甚至是有些愚蠢的行為。對於自己不瞭解的事物，要求具有客觀的認識很難，甚至不太現實，但起碼，我們要有一個自始至終的客觀的態度。

　　練太極拳或其他什麼拳種也好，目前最具說服力和普遍性的目的和理由主要有幾種：

　　一、強身健體，益壽延年；

　　二、技擊自衛，克敵制勝；

　　三、探尋理趣以達性情上的陶冶；

　　四、拳以載道用作靈修的手段。

　　雖然說這幾種目的彼此之間都會有不同程度的交集，但主要目的不同，則直接決定了習練者的態度以及訓練方法等各個方面的各種差異。如果習練之初或在修練的過程當中失去和混淆了目的，含糊了範圍，必然會造成很多不必要的迷惑與混亂。

　　人總是喜歡製造一些麻煩的，比如，和只想活動活動

身體的人大談技擊是拳術的靈魂，而遇到爭強鬥狠的技擊派又強調養生與性情的陶冶，如果對方僅僅是追求純娛樂的效果，就灌輸以高深莫測的理論支撐。

這些探討方法對於研究學習不會有任何幫助，而只會給習練者造成沒必要的困惑，甚至最終會動搖初衷，而選擇放棄，而這种放棄，甚至會導致太極拳本身的發展受到阻礙。

說到強身健體，隨意活動活動，只要不違背生理規律，大多數運動都可以達到相應的效果。也就是說如果想要出出汗舒服舒服，慢跑散步跳舞皆可。之所以選太極拳，無疑是性格興趣和機緣與健身的目的產生了交集。而對於太極拳延年益壽功效的證據支持，也一直是一些實際資料與傳說相混雜而略顯牽強的野史佐證。

百年來太極拳界的確出了數位真正的長壽老人，但其中同時也混雜了虛假的百歲壽星。更殘酷的現實是，近代有資料可考的大多數名家，非但壽命與常人無異，甚至其晚年的健康狀況更是不盡如人意，這其中還不去計算那些非壽終正寢者。

但人們同時也能夠輕易發現，很多與太極拳領域毫不相關的人，無論是學者、藝術家，甚至是無名的鄉野老人，也都是健康長壽，輕易過百。

看來，太極拳與延年益壽並沒有絕對的、特殊的、必然的聯繫。也就是說，出於健身這個目的，太極拳並不具備不可替代的唯一性。再說句實話，真正的養生不在於去做些什麼常人沒做的事或吃些常人沒吃過的東西，而是在

於不去做常人都做的事以及不吃常人都吃的東西罷了。

談到技擊的效果，對於太極拳習練者來說是一個非常嚴肅而又是非常尷尬的話題。可以負責任地說，太極拳的指導思想和訓練體系在培養技擊對抗水平方面，是具有自己獨特、簡潔、高效的科學性的，是內在的智慧透過推己及人的修練，在對手身上的具象體現。但我們同時也要承認，世界上其他的拳術訓練手段在技擊表現中也同樣都具有自己的獨到之處。所謂殊途同歸，認定自己是唯一道路的，已經斷了到達目的地的可能。

而且，將技擊自衛作為習練太極拳或者其他武術的主要目的，也有自己的偏頗之處。試想在當今的社會用技擊對抗解決問題的機會到底有多少。這不禁使人聯想到《莊子》中講述的一個故事，描述了一個人為學習屠龍術傾家蕩產，更關鍵的問題是，他在技藝學成之後根本就找不到龍，本領也就無從施展。當然，可以把獅子老虎甚至老幼婦孺都看成龍，痛快地施展一回技藝，但這個技藝展現的只會是一個人的喪心病狂。

同樣，對於學習武術的人來說，很多技擊對抗的機會好像更多是在學習了拳術之後自己製造的，這就是嚷著修身養性的口號來尋釁滋事了。

但作為拳術，其技擊作用是無法迴避的，雖然太極拳等內家拳的理論與訓練都具有極深刻的科學性，但就目前太極拳在技擊對抗中的表現，大家有目共睹，其不盡如人意的競技效果與一大批假大師們在弟子面前表現出的神功相映成趣。

這也說明了太極拳是一門需要腳踏實地、刻苦鑽研的真實學問，不可能想當然地一蹴而就。人焉廋哉，對於那些自己已經昭昭於世人面前的醜態，實在沒有進一步閒扯的必要。之後，我們再對於太極拳的訓練體系及應用體系進行較為細緻的探討。

還有一種練拳的態度就是所謂的尋理趣，說白了，就是玩兒。其實，不單是習練太極拳，無論是練習唱歌、舞蹈、樂器、繪畫等，如果真能做到單純的「玩兒」，便是到了非常高的境界了。因為只有「玩」是不需要理由的，是無所求的，是全身心投入的。

我們是否留意過孩子的「玩兒」，這個年代很難見到了，因為現在沒有孩子了，現在的孩子從嬰兒直接成為成人，沉重而麻木的成人。在不遠的從前，在孩子還是孩子的年代，我們是否留意過孩子們的「玩兒」。無論是在寒冷的大風裏，還是在炎熱的烈日下，孩子們可以忘我地「玩」一個毫無實際意義的遊戲。

我們所說的尋理趣，在理想的狀態下應該是屬於這種狀態的。無所求，純高興。這個態度，其實倒給了習練一個提升的可能性，也許會繼續，也許不會繼續，但有一點可以肯定，這種態度是單純的，是非功利的，是沒有負面作用的。

但「玩」作為一個理由，卻隱藏著極大的問題，就是很容易把玩和不嚴肅的態度、不投入的練習聯繫在一起。因為「玩」可以成為懶惰與怠懈的最佳藉口，不求什麼特定的東西，自然也犯不上夜以繼日地廢寢忘食。實際上這

個藉口一出現，就已經不是「玩」了，試看牌桌上的賭徒，哪個不是夜以繼日，雖然賭徒是執著並迷失在這個遊戲裏了，但沒了這種投入，也就沒什麼意思了。

人們更多的是把遊戲人生理解為消極的玩世不恭，而真正的遊戲人生，需要大智慧，整日裏愁的、煩的、哭的、醉的，終究還是在玩自己。

談到拳以載道，天人合一，則是最容易引起歧義的。輕則被斥為在學術上不切實際、山高水遠，重則很容易被定義為譁眾取寵、怪力亂神。但如果用現代的語言表達為心靈勵志、靜心冥想、自我提升，就應該比較容易被人接受了。

宋朝的張載寫了本《語錄鈔》，當中說：「為學大益，在自求變化氣質。」形意拳經中也開宗明義地說：「形意拳術無他，變化人之氣質而已。」這「變化人之氣質」，氣為內，質為外，就是使人由內而外有本質上的改變與提升。其實提升還不是確切的表達，提升只是在向度上的一個比喻，表明真正的改變不是在量上，而是在質。

在這一點上，西方的十字架是一個非常具有啟發力量的象徵，人們貧富貴賤知識多寡等表面的改變，都只是在十字架的橫線上水平移動，而內在的本質從來沒有改變，只有當人開始在十字架的豎向上發展時，才真正開啟了提升本質的可能，而十字架的交叉點，則類似於禪宗所描述的頓悟的那個片刻。

說提升是一個不確切的表述，因為它會帶給人一個單一方向的錯覺，和以偏概全的誤導，所以，人之氣質的變

化，人的提升，也可以用完整與圓滿來進行表達。人所有的痛苦以致於人本身存在的原因，都是因為不完整與不圓滿。所以人們會創造或根本就是借來一些理由，來填補這種與生俱來的缺失感。

我們會為自己設定很多假定的目標，如掙更多的錢、博得更大的名聲、獲得更高的社會地位，或者成為天下第一武功高手等，企圖用這些來治癒自己莫名的痛苦和焦慮。但即使真正達成過這些目標的人，都會發現內心的痛苦不僅依然如舊，甚至會變本加厲，而沒有得到過的，就會將這些虛構的標準向同代以致於下一代延伸和傳遞，形成一個潛意識層面的世代謊言。

所以說，只要我們靜心聆聽，就會聽到心靈回歸整體的渴望，也就是說，達成最終的完整與圓滿。可以說，覺察到不完整這個痛苦根源的同時，我們也就開始了有的放矢的努力。

《大學》中說：「致知在格物。」要想成就智慧的圓滿，其方法之一就是對於一種世間的學問全身心地投入鑽研。也就是以此種學問為方便法門，透過對其外在表象與內在規律的逐步瞭解，而能夠舉一反三，最終覺悟到全部存在的整體運作。

同樣，這個「物」也並非太極拳所莫屬，不是說只有練習太極拳才能夠格物致知。世間任何一種學問，無論文學、音樂、藝術或數學、物理等，都有可能但並不保障會引領我們走向那個最終的法門，即條條大路通羅馬，但同時也是八萬四千法門，實無一法可得。

但人生為天地之靈，與生俱來地被賜予了一個最方便最微妙的工具，這個工具，就是我們自己。我們自己，就是聯通天地宇宙最近的一扇門。

格「外」物，當然有可能致知，而認識自己，則是捷徑中的捷徑。而中國的拳術，則是認識自己的絕妙法門，故王薌齋先生曾說，「離開己身，無物可求，執著己身，一無是處」。其實無論是靜坐、靜心、還是瑜伽等所有的修行方法，不過都是要由觀照來打開自己這扇門，透過不斷地深入瞭解而「推己及人」，最終「推己及天地」，破除一個個迷惑，掃盡遮障之雲，達到最終的了然，也就是「知」的狀態。

近代著名的靈修導師葛奇夫則稱他的修行體係為「工作自己」，也就是在自己身上下工夫，而他的主要訓練內容則是儘量「記住自己」，所培養的，就是這份覺知。

對於習練之前所有動機的瞭解，一方面是確定自己習練的目標，更重要的是從一開始就保持一份明白了然的清醒，能夠清醒地給予太極拳一個客觀的認識，不迷信，不絕對，不人云亦云，不盲目從眾。

所謂「不破不立」，我們常說，愛一個東西，很容易迷在裏面，因為還不是真正的愛，其中的索取與依賴大於愛的成分，或者說根本就沒有愛，因為愛這個字還不是我們普通眾生所能體會和瞭解的。而只有看破，才可能去除盲目的執著，才可能真正地去愛，才可能達到「生而不有，為而不恃」的超然境界。

常於媒體報端聽到藝術家們表白，音樂就是我的生

命，舞蹈就是我的生命，詩歌就是我的生命等等這樣山盟海誓般的言辭，每當此刻都不禁莞爾。不知他們想表達什麼，因為倘使真的剝奪了他們唱的和跳的權利也沒見誰會死，真的會為此了斷自己的，也就達到了自欺欺人的極致，倒是值得倡導。

相反，無論學什麼、練什麼、玩什麼，我們真正需要做的是，讓我們的存在成為詩歌、成為舞蹈、成為音樂。物我執著的去除，才是物我境界的昇華。

書不盡言，言不盡意，因此理解力和領悟力幾乎是所有分歧產生的關鍵。《聖經》中巴別塔的寓言，根本不是要表達不同的語言是人們彼此溝通的障礙，而是說，人們早已失去了理解和感知的能力。試看世界上所有國家或地區內部的各種衝突，其爭辯用的都是同一種語言。語言不是問題，問題是誰也不知道自己要表達什麼，誰也聽不懂別人想表達什麼。

但人同此心，心同此理，如果能夠用理解與求同的眼光去看，透過紛繁的表象去感受本質中的共性，就會感受到這個世界上每個不同地區的文化，雖然都是用獨具特色的百花齊放，但只不過是從不同的角度，用不同的形式，表達著一以貫之的天地宇宙之理。

也可以說，世間一切藝術形式與技藝，包括太極拳在內，其核心的魅力，是因為體現了一個特定的民族和地區的文化。試看從全世界各地跋涉來到中國學習太極拳的各色人種，吸引他們的，絕不是一個天下無敵的神話，或長生不老的幻想，而實際上是中國傳統文化的獨特魅力。

那麼，以太極拳為代表的中國內家拳術，之所以可以被用作中國人瞭解自己，培養覺知，達成智慧的特色手段之一，是與自己的文化戚戚相關的。每一個地區獨具特色的文化，都為生活在這個地區的人類提供了最適宜其靈性生長的土壤與環境，一方水土養一方人。

　　所以，任何地方的人都沒有必要捨棄自己本有的文化，而去尋求外來的救贖，正如真正的修行，不依賴他人，而只要從自身入手。還是孔子嚴厲些，「非其鬼而祭之，諂也」！

第二章·尋源文化間

消滅一個國家或民族，靠無人飛機轟炸不會有任何作用，更沒有任何意義，但如果腐蝕了其文化，這個國家或民族無論擁有怎樣的繁華，也不會再具有自己的獨立性。從某個角度可以說，什麼都可以是世界的，只有文化永遠是、也必須是民族的。

拳意禪心

一、何為文　如何化

其實無論談什麼，都離不開文化這個話題。郭德綱都說嘛，相聲拼到最後，拼的是文化！其實又有什麼拼的不是這個呢！文化就像土壤，像根基，個人也好、民族也好、國家也好，其成長都離不開這塊土壤，其滋養也離不開這個根基。那麼文化是什麼東西呢，何為文，又怎樣叫化？

孔子說過，「弟子入則孝，出則悌，謹而信，泛愛眾，而親仁，行有餘力，則以學文」。說的是，如果能夠把與父母的關係、與兄弟姐妹平輩之間的關係、與朋友及合作夥伴的關係以及與你生活其中的社會之間的關係都體驗透，徹底弄明白之後，這時如果還有精力，就學點文吧。「文」的本義，指各色交錯的紋理。

《易·繫辭下》中說：「物相雜，故曰文。」《禮記·樂記》裏稱：「五色成文而不亂。」《說文解字》則解釋：「文，錯畫也，象交叉。」總之，這個文通紋，也就是紋飾點綴的意思。

孔子說，如果我們把生活中的各種關係都體驗瞭解並處理好後，這個時候可以來點兒文學藝術，講究點禮儀風度，起點綴作用。

大致來說，文化的文也就是外在表徵。那麼化，就是

我們之前所說的「變化人之氣質」的化，是變化、是造化、是內在本質的提升與改變。「化」的本義為改易、生成、造化，如《莊子・逍遙遊》裏有「化而為鳥，其名曰鵬」的描述。《易・繫辭下》裏有「男女構精，萬物化生」的句子。在《黃帝內經・素問》中說，「化不可代，時不可違」。《中庸》裏則有「可以贊天地之化育」，等等。所以簡單地說，文為外在，化就是內在，文化則是一個民族、一個群體的內外展現。

我們常常說「潔內華外」「相由心生」，這些表達反映的是可見的外與無形的內之間的和諧統一。

一方面說，在體，文化二字體現的是人類社會內在與外在的全面成長；另一方面，在用，文化則是透過豐富的外在表現形式，也就是文，與周遭外界進行潛移默化的交互影響，即化。

記得當年虔誠地請回一本某太極拳大師的著作，焚香沐浴正襟危坐翻開第一頁，開宗明義的第一句話赫然入目，「沒有太極拳，就沒有太極文化」。不知道小夥伴們做何感想，反正我是驚呆了，趕快合上書，不知如何處理。最終糾結了很久才將這貨撕碎扔進不可回收的垃圾桶裏，方感到為減小其污染盡了自己責任內的綿薄之力。

事有本末、先後、始終、主從，沒有太極文化，怎麼會有太極拳。太極拳、形意拳、八卦掌等內家拳，必然是中國傳統文化的產物，太極拳的名稱，則來自於易經中的陰陽太極理論。所以習練太極拳，在格物致知、在走向通達智慧的道路上，片刻也離不開中國傳統文化這個根基，

這片土壤。而中國傳統文化的缺失，會直接導致許多中國傳統文化的體現方式走向枯萎以至死亡，這些體現中，必然會有太極拳。

近年來，一直可以聽到一種呼籲或者說倡導，就是要將太極拳、將中國武術與中國文化結合起來。這麼多年來其效果如何暫且不論，但這個倡導卻為我們展示了一個事實，就是多年來我們從來沒有把太極拳等武術看作是文化，而是將其看成是孤立的一個學科。

學科的概念來自西方，是一種分裂性的思維方式的產物，也是對於自然的侵略性態度的一種體現。這種方式在短期的功利層面，可以取得非常明顯的效果，但其流弊會與功利的獲得成正比的增長，得到的越多，其傷害也越大，且如毒品般不能自拔，最終只有死路一條。

都知道我們對於自然的侵略性態度造成的影響與後果已經開始威脅我們的環境、我們的健康、我們的生活，甚至是我們的後代和未來，但誰又能真的停下來。我們在遊行、抗議、發微博之後，仍然是、也只能是繼續我們的暴殄天物與喪心病狂。

中國文化不以學科為系統，因為中國的傳統文化強調的是整體觀，不是分裂的，其態度是融合的而不是侵略的，其根基是以人為本而不是以利為本，正如孔子說的，「君子喻於義，小人喻於利」。

在社會生活方面，中國文化講求的是「導之以德，齊之以理」，其結果也自然是人因為有是非觀念和羞恥之心而能夠自覺地守規矩，這叫「有恥且格」。而我們目前就

是在早期西方所謂的文明引領下，生活在「導之以政，齊之以刑」的所謂法制社會中，靠鑽空子來苟延殘喘的真小人，沒有什麼是非羞恥，只要律師有本事，即使喪盡天良也成了理所應當，這就叫「民免而無恥」。

不知因，不畏果，例如在鐵窗裏叫逃稅，在牢籠之外就叫避稅，有今兒沒明兒，得過且過，這才是實實在在的沒文化真可怕。

而我們用分裂的思維方式與侵略的態度是不可能真正瞭解中國傳統文化的。我們自幼在描寫古代英雄人物的評書及各種文學作品中，每讀到文武全才的話，都會理所當然地認為文和武是兩件事，並且簡單地認為只要武夠厲害，文有沒有是無所謂的。而隨著年齡的增長卻發現，在我們生活的社會裏武夠不夠厲害才真是無所謂，文好不好卻在人生的每一個轉角起著決定性的作用。

雖然我們所說的文還跟文化差著不止十萬八千的里數，我們的文只是認識數千簡化字外加會解幾個方程式罷了。我們知道的文不是文，說的武也不是武，相信每個人都會在那麼一天感慨道，我們真不知道自己這一生到底一直在做什麼。

在文化與武術的對立思維當中，經常會在各種武術專論中發現「文武之道，一張一弛」的引用，其企圖證明的無非是文化與武術是互補的關係。雖說張弛之道的確說的是萬物陰陽平衡之理，但很遺憾，這裏的文武卻不是我們想當然的文化與武術，而指的是周文王與周武王。

這句話出自《禮記》。有一次，孔子的學生子貢隨孔

子去看祭禮，孔子問子貢說：「賜也樂乎？」就是問，子貢你看這場面覺著好玩嗎、高興嗎？子貢答道：「一國之人皆若狂，賜未知其樂也。」子貢的感覺就如同看見了我們現在的狂歡節或嘉年華，有點亂。於是他回答孔子說，老師，這麼一大堆人聚在一塊，這麼瘋狂，我只是覺著有些危險，要真出點亂子可怎麼處理呀。

孔子說：「張而不弛，文武弗能也；弛而不張，文武弗為也；一張一弛，文武之道也。」這裏的文武指善於治國的周文王、周武王，而不是我們認為的識字與打架。而孔子回答子貢的是，一直把弓弦拉得很緊而不鬆弛一下，這是周文王、周武王也無法辦到的；相反，一直鬆弛而不緊張，那是周文王、周武王也不願這樣做的；只有有時緊張，有時放鬆，有勞有逸，寬嚴相濟，這才是周文王、周武王治國的辦法。其精髓還是如何隨時把握平衡的中庸之道。

孔子口中的文武之道，是對於兩位君主的褒揚，因為他壓根也沒把我們所理解的武與文對立起來過。如我們之前討論過的，文化，是文為外在，化為內在，所謂文化就是整個民族與群體的內外展現。而我們能夠直觀看到和感受到的，就是其外在表現形式，也就是文。

而武術，只是這無窮無盡變化萬千的表現形式之一，武術一定屬於文，是組成文的其中的一小部分，與文是從屬關係，但絕對不可或缺。

說到周文王與周武王，便使人聯想起「六藝」，在周朝時，這是對於一個合格的人才的基本技能要求。所謂六

藝，即禮、樂、射、御、書、數，這是簡化的說法。《周禮・保氏》中論述道：「養國子以道，乃教之六藝：一曰五禮，二曰六樂，三曰五射，四曰五馭，五曰六書，六曰九數。」

禮就是禮節規矩，所謂五禮分別是吉禮、凶禮、軍禮、賓禮和嘉禮。樂則類似於現在所說的音樂，但更多的是為祭禮儀式服務，如西方最早的音樂都是服務於宗教，後來才有了所謂的世俗音樂。之所以稱其為六樂，指的是《雲門大卷》《咸池》《大韶》《大夏》《大濩》及《大武》六套樂舞。讓孔子聽了之後「三月不知肉味」的，就是舜時的《大韶》。《論語・述而》中說：「子在齊聞『韶』，三月不知肉味，曰：不圖為樂之至於斯也。」想不到樂能夠美到如此的程度。在《論語・八佾》中，記載孔子又對《大韶》感慨了一番：「子謂『韶』，盡美矣，又盡善也。謂『武』，盡美矣，未盡善也。」吾輩命薄福淺，永遠也不會知道能夠令孔子如此發燒的音樂是什麼樣子了，因為到漢代之後，這六樂就先後失傳了。

現在在台灣有一個現代舞蹈表演團體，稱自己為「雲門舞集」。其內容當然與《雲門大卷》無關，但也體現出對那個無法企及時代的遙遠的遐思。

射是射箭的技術，其內涵其實包括了個人軍事格鬥的內容，我們所理解的武術，就被包含在這一部分當中。之所以叫作五射，是因為射包含五種形式，很類似於今天體操或跳水比賽的規定動作，或乒乓球羽毛球的分組形式。五射分別是白矢、參連、剡注、襄尺、井儀。白矢，指的

是箭穿靶子而箭頭發白，表明發矢準確而有力；參連，是前放一矢，後三矢連續而去，矢矢相屬，若連珠之相銜；剡注，謂矢行之疾；襄尺，臣與君射，臣與君並立，讓君一尺而退；井儀，四矢聯貫，皆正中目標。

御就是駕駛技術，當然不是出租車，是馬車。駕馭馬車也代表了集體軍事技術的內容，其中自然包括了運籌帷幄的軍事管理，因為那時候打仗，不是騎在馬上，而是站在馬拉的車上。

五御是指，鳴和鸞、逐水曲、過君表、舞交衢和逐禽左。分別說的是，行車時和鸞之聲相應；車隨曲岸疾馳而不墜水；經過天子的位置要有禮儀；過通道而驅馳自如；行獵時追逐禽獸從左面射獲，其性質很有些今天考駕駛證時的入庫坡起和走單雙邊的味道。至於為什麼行獵時追逐禽獸從左面射中獵物也算作一個駕駛技術，因為那時候的人平時乘車尚左，身分尊貴的人要在左邊，而駕駛人也就是司機在中間，右邊有一個護衛。

試想，能夠射中獵物同時還沒有驚擾到左側的尊貴之人，這應該算是技術高超的了。但那時候的戰車又有所不同，司機還是在中間，但左邊是弓箭手，右邊是端著長矛的甲士。從這個角度來看，從左邊射中獵物也是有實用價值的，因為射箭者到了戰場上要站在車的左邊。

書直接可以理解為書法，但卻包含了識字、文學修養等內容，我們今天說的誰誰有文化，不過是文化的文當中、書的範圍裏、識字的那個部分，而且還識不了幾個，現在真的很難見到誰不打磕巴地朗讀出四書五經的內容。

至於稱其為六書，指的是中國文字的象形、指事、會意、形聲、轉注及假借。

數就是今天所說的數學，當時是數藝九科，分別為方田、粟布、差分、少廣、商功、均輸、盈朒、方程和勾股，因此中國古代魏晉時劉徽所做的數學教材叫作《九章算術》。

從這個角度來說，一個合格的文化人應該是具備各種外在技藝的，因為通了內在的理，自然就達了外在的相。對於文的範疇中的一切技藝，只可能有另闢蹊徑的方法與表現，卻絕不會有獨樹一幟的理，畢竟，理為一貫。說了這麼多，只是說明武術也好，太極拳也好，都是文化的一個非常小的組成部分，是文在綻放內在的化時，漫天繽紛中的一點火花。

內與外，是相輔相成彼此互相影響的關係。一方面，如果能夠對中國傳統文化不斷地深入瞭解，那麼在研究太極拳等具體學問時，一定會起到事半功倍的效果；另一方面，隨著太極拳等具體技藝的不斷成熟，透過在鑽研過程中不斷的體驗，也自然會加深對於中國傳統文化至深至美的理解。

說到底，一個國家和民族所有的財富中，第一重要的，就是文化。消滅一個國家或民族，靠無人飛機轟炸不會有任何作用，更沒有任何意義，但如果腐蝕了其文化，這個國家或民族無論擁有怎樣的繁華，也不會再具有自己的獨立性。從某個角度可以說，什麼都可以是世界的，只有文化永遠是、也必須是民族的。

二、中國傳統文化是體驗與實踐

中國傳統文化是東方古老文化的代表之一，在 2500 多年前，東方的老子、孔子及佛陀，就已經由自我認知的修練，而達到了人類智慧的巔峰，對於天地宇宙萬物之理擁有了終極的洞徹。

在其後至今的漫長歷史中，無論人類的科學技術如何發展進步，彷彿都只是在一步步印證這些覺悟者們對於整體真相的描述。無論是相對論還是量子物理學，無論是宇宙大爆炸理論還是多重空間的概念，人們由外在技術對於宇宙時空探索發現的每一項成果，都始終沒有超越出易經、佛經等經典闡釋已經涵蓋的範圍。

這也讓我們理解了東方與西方內在的本質上的差異，西方是外向型的、藉助外力向外探索的、是物質的，而東方則是內向型的、由自身向內探索的、是心靈的。

但現在已經沒有東方了，全世界都是西方。所有的政治、經濟、文化、教育等，無論叫什麼名字，打什麼旗號，都是西方的。比如說，目前中國教育方面的問題，根本就不是中國傳統文化的問題，而是西式教育的問題，因為現在全世界都採用的是西方的學科式教育。

目前全球各種各樣的危機，其實全部是西方文明發展的危機。但另一方面，雖然說現在全世界都是西方，但東方的智慧也同時如火種一般在世界的各個角落閃現，並越來越引起了人們的關注。

在西方，人們開始研究孔子、老子、佛陀，西方的心

理學已經在很淺層的探索中與東方的萬法唯心、一切唯識產生了認同與交集。人們彷彿在盲目前進的迷惘與困惑中，驀然回首而瞥見了那個一直就存在的答案，可以毫不誇張地說，以中國傳統文化為代表的東方文化，是拯救這個混亂世界的良藥。

中國傳統文化最大的特點是知行合一的實踐，它不是一種理論或猜想，而是真實的生活體驗。它不強調你能夠從中得到什麼，而是關注你此刻是什麼。如果我們所學習的一切不能變現為我們的生活，如果一切天人合一的理論沒有使我們的外在生活表現出一派祥和，或者說，這種學習沒能給我們現實的生活和自己本身帶來實實在在的質變和提升，那就是我們仍然沒有真正領會中國傳統文化的真實意義，或者沒有去真正地認真實踐。

要做中國傳統文化所定義的文化人，就需要在通達一貫之理後，非常全面地掌握外在技能。而我們之所以很難理解和掌握中國優秀傳統文化的精髓，就是因為我們分裂的思維方式。單項發展得再好，也只能是盲人摸象之一掌之寬，也只能是以管窺豹之一斑之見。習武之人若認為只要牽強附會幾句《老子》《孫子》的名言就算與文化同了床併了骨，怎麼可能脫離了不文之粗鄙。而識文斷字之人如果每天只是玩弄故紙，之後用死朽的邏輯來推理生命的鮮活，最終也就是一個書呆子。縱然每天筆耕得汗牛充棟，但實際上與文化的研究毫無關係，其所謂的成果既無從啟發眾生，更不具有自我改變的希望，任何一塊幾個G的硬盤都比這種讀書人更有價值。

三、論語的開篇

我們試著從《論語》的開篇當中來感受一下,孔子是如何開宗明義地表達,學問是一種怎樣活生生的實踐的。

子曰:學而時習之,不亦說乎?有朋自遠方來,不亦樂乎?人不知而不慍,不亦君子乎?

這應該是孔子的學生們在為孔子守喪並集結論語時,首先被想起並記錄下的一句話,而且這一句可以被幾乎所有中國人脫口而出的話,是出自孔子這樣一個洞徹了人生宇宙真理的人,但從包括中學課本在內的大部分解釋都很難讓人聯想到這個前提。到底時常的複習功課是不是不亦說乎得那麼樂,暫且不說,為什麼又突然地冒出了遠方的朋友,和不發怒的君子,真的讓人質疑孔子的邏輯性,甚至會質疑聖人當時頭腦的清醒狀況。

「習」字是上面一個羽,下面一個白。在《說文解字》中說,習,數飛也。就是小鳥練習飛翔。

飛翔不是一種理論,飛翔是鳥兒存在的每一個片刻,正如生活不是一種理論,生活是人存在的每一個片刻。就像在飛翔中的鳥,如果去思考飛翔的理論,一定會從天空中墜落一樣,人在生活中去思考生活的理論,就是在錯過每一個片刻的鮮活。

但所有的教授都是理論,而學習者要做的就是如何將理論轉化成為自己生命的一部分。學習不是對知識的積攢,不是對知識的八卦,而是要成為那個理論本身。就像第一次成功地學會騎自行車,就像第一次彈琴時忘了不聽

使喚的手指而只聽到美妙的音樂，就像第一次用太極拳的理論做到了四兩撥千斤，摔倒了比自己強大的對手……無論我們學習任何一門技藝，那種透過實踐練習而將理論所描述的美妙，真正地實踐出來的喜悅都是無以言表的，也只有這樣才會真的不亦說乎。

但鳥是注定要飛翔的，那是它的本性，鳥不是學會了什麼附加的東西，只是喚起了與生俱來的能力。正如教育的真正本質，應該是讓我們發現我們一直擁有的，而真正地成為自己。只有當我們成為那個理論所描述的，我們才知道，原來我們一直擁有，就像佛家所說的，一切本自具足。此時，面對那個無以言表的喜悅，自然就如同再次相逢失散多年甚至是早已忘記的老友，也自然就是「有朋自遠方來了」。

那麼人不知而不慍呢。一隻鳥的飛翔只是它自己的飛翔，另一隻沒有自己實踐的鳥是無法與之分享的，每一個實踐都是個體的，獨特的。記得一位太極拳大師在講拳時說，禪是薄薄的衣裳，每一次練習都會在身上披上一層。理解他要說什麼，但並不苟同他對於禪字的解釋，禪的左邊畢竟不是衣字旁。

禪從字面上看，左邊是示字，右邊是一個單字，也就是揭示了每一個個體是如此的孤單這樣一個現實。在生活的實踐中，我們無法以理論來分享感受，每一個人的體驗都是自己的。

每一個人在真理的追尋上所要和所能做的，也只是要自己達成，就像飛翔的鳥無論怎麼解釋，也不可能同仍停

留在地上的同類分享自己的感受。

君子，可以說是瞭解了世間錯綜複雜關係的明白人。凡人就像莊子說的那些燕雀，當然不會理解鴻鵠的境界，但鴻鵠絕不會因為不被燕雀理解所困擾，絕不會因為這個不瞭解而動搖自己的追求，破壞自己的坦然。雖然普通人不會理解君子的境界，但君子肯定會理解凡人的狹隘，而在這種理解中，只能有憐憫，只能有寬容，只能有愛。如佛，面對眾生的無明，除了悲憫，又怎麼會慍呢，這就是慈悲的真實狀態。或者可以從另外一個角度說，覺得自己懷才不遇而怨天尤人的，應該知道，這個慍，只說明自己還差得太遠了。

中國傳統文化之深，正是在於其實踐的起點之淺，而中國傳統文化的實踐之難，也在於修練內容的平易。縱觀儒家，於己在內是正心誠意慎獨自省的自立，於外則是齊家治國平天下的立人，其修習的重點不是打通任督的小周天，不是貫穿奇經八脈的大周天，不是往生極樂，也不是末日審判，而竟然是父子兄弟夫妻君臣這些貌似婆婆媽媽的張長李短。而就是這些張長李短，才正顯示了儒家或者說中國傳統文化的腳踏實地。

我們現在大部分人，或者不客氣地說是所有人，可以做到請個價值不菲的佛龕在家天天以鮮花供養，誠心唸佛，可以做到初一十五雷打不動地參拜名山古剎，可以做到遍訪名道高僧祈求加持，甚至可以做到深入川藏玩閉關一類的把戲，但又有誰簡單地做到了家庭和睦，跟父母沒有彆扭，跟另一半魚水相融，跟子女親密無間。

這個平易淺顯同樣體現在太極拳等內家拳的修習之中，在雲山霧罩的談玄說妙中，又有哪個真正只是關注自己的一舉一動，做到了肢體順遂，展現出了人體的完美和諧。

　　說拳禪合一，因為在禪宗的修習中，同樣存在著不甘平凡而談玄說妙的現象。白居易在做杭州太守的時候，去拜訪了道林禪師。道林就是我們都知道的鳥巢禪師，原因是他住在山崖邊的一棵大松樹上。所謂鳥巢，就是在松樹的枝椏上隨便搭了幾根樹枝。

　　白居易是個詩人，詩人於人生都會有很多的感悟，但往往都千頭萬緒，知其來而不知其往，也就是離真正的智慧永遠相差那麼一步。但詩人一定覺得自己與眾生不一樣，一定覺得自己比眾生高級一些，然而詩人不瞭解的是，原來眾生也都是這麼想的。

　　白居易見到鳥巢禪師之後，第一個感慨就是，「大師，你住這地兒太危險了吧！」哈，詩人跟眾生的確一樣，相信每個人見到道林禪師的第一反應都是這樣的。

　　這個話道林一定聽得多了，因為大部分來拜見他的人，都不過是抱著一顆獵奇之心。所以我們見到道林禪師這樣的人時，第一件事就是要找到新奇的東西、不一樣的東西，於是，我們自然都會把這份獵奇聚焦在道林的鳥巢上，所以我們才會稱道林為鳥巢禪師。道林並不重要，因為他是平凡的，而鳥巢卻是獨特的，在這一點上，白居易與我們愚昧眾生站在了同一高度。

　　道林回答白居易說：「太守，你的處境可比我危險多

了！」道林給了白居易很大的面子，他還是希望白居易這個知識分子比我們這些無知識分子多一分敏感。道林如果面對的是我們這些眾生，一定是摸摸我們的腦袋，像做雞蛋灌餅一樣給我們灌個頂，或是隨手擷下鳥巢的一個枝椏，當作開了光的吉祥物讓我們用重金請回家，或者乾脆就在我們耳畔低語說，今年財運大開且這幾天命中定有桃花，因為不這樣做我們是不會滿意的。

白居易對於這樣的回答非常詫異，怎麼大師，難道我的官要丟，難道鎮江要有敵人來犯？這就是我們的反應，這就是我們認為的危險，我們執著著自己虛幻的名利，擔憂著幻象中的敵人。

不對呀，鎮江這個小地方很安全呀，不應該有危險呀。白居易的念頭始終沒有脫離自己虛幻的境界。

鳥巢禪師估計是太慈悲了，或者說既然開了頭，就多說幾句吧。他繼續對白居易說：「薪火相交，識性不停，得非險乎！」我們時時刻刻都生活在危險之中，這個危險就來自於我們的無明、我們的愚昧，這個無明就像乾柴與烈火，任何時候都有可能毀滅我們。這就是我們的生活，令我們時刻煩惱的東西，而我們卻一直都在選擇逃避。我們的生活才是我們與真實擦出的火花，而我們卻忽視了每一次看見的機會。

白居易終於有點開竅了，回過神兒來了，知道道林在說什麼了。「哦，大師，那佛法到底說的是什麼呀？」於是道林回答了那個千古明言，「諸惡莫作，眾善奉行。」白居易一定是笑了，至少在心裏笑了。這算什麼呀！我以

第二章・尋源文化間

為你至少得傳我什麼九鬆十要一虛靈，三十六天罡歌訣，或七十二地煞竅要什麼的呢！白居易的反應老子早就預言了，就是下士聞道，大笑之。

所以，白居易的回答還是和我們一樣，「嗨，這有什麼新鮮的呀！三歲的孩子都說得出來！這哪兒有我那離離原上草有品呀！」這個故事還告訴我們，永遠不用迷信博士或者教授。

道林真失望了，說話有點不客氣甚至有些尖刻了。「對呀，的確是三歲孩子都說得出，但即使是八十歲的人卻做不到。」言外之意就是，我們眾生基本白活了。佛在靈山不遠求，身邊的每一個因緣都是我們達成瞭解的機會。父母恩斷義絕的，夫妻爭吵反目的，子女叛逆不教的，即使天天捧著本《金剛經》，也不過在用自己的意淫逃避現實。就如同連個下勢都蹲不下去的太極拳大師，還顫顫巍巍地大談抬手發人幾丈幾，怎麼都讓人感覺不過是扯淡而已。

由此可見，中國傳統文化所強調的正是這種「知行合一」的實踐。而這種知與行的交互驗證，又滲透到普通生活的方方面面、每時每刻，正可謂，「道也者，須臾不可離也。可離非道也」。誰也不可能脫離道而生活，唯一的區別只是在瞭解與不瞭解，知道與不知道，明與無明之間。

從實踐的角度來說，太極拳可謂是一個非常暗合於道的理想工具，因為太極拳是一門完美體現理論與實踐相結合，知行合一的學問，其中摻不得任何假。

對人，在間不容髮的技擊當中，所有「四兩撥千斤，毫釐以禦眾」的描述，無法在技擊中體現時，立刻就使理論成了夢想。當所有的「鬆」「靜」「緩」「慢」沒有培養出生死較量的能力時，整個訓練體系也就淪為了空談。

對己，則是長期的練習對於身體、心理、氣質、待人接物，及對一切的感悟能力是否有積極的影響，整個人的層次是否有所提升等等。這些習練者自己都能心知肚明的問題，都直接能夠使自己判斷出，所有的訓練是否只是空耗了時日，甚至是出現了偏差。

所有的問題，其實都是理解的問題，說到底還是知與不知的問題。所謂「見地不明，修法無益」，在真正理解一個道理之前，所有的努力和所有的修練都不過是一種準備，一種摸索，甚至是一種賭博，因為這些努力具有盲目性，隨時有付之東流的可能。只有真正明白了，才能夠「悟後起修」，走上正軌。所以可以說，你練什麼並不重要，你是否知道你在練什麼，才是真正的核心。

所以我們可以看到，文化對於世間技藝來說，既是土壤，是源泉，同時也是回歸之所。而中國傳統文化「天人合一，萬物一理」的整體觀對於太極拳這種強調整體和諧的技藝來說，具有密切的指導作用。

學練太極拳，一刻也離不開中國傳統文化。說到中國傳統文化，說到整體觀，有一個字，不得不談，就是「善」。人之初，性本善，是識字之始就會讀到的，但我們是否又曾經對這個字有過深刻的體驗和感悟呢？

四、三字經和善與惡

我們都知道，《弟子規》《三字經》及《千字文》等，是中國傳統文化中的「蒙學」教材。所謂蒙學，既啟蒙之學，是為還不識字的小朋友準備的。透過背誦這些教材，既認了字，也瞭解了許多生活常識、歷史故事和人文知識，最重要的，是建立一個正確的道德觀念，一個基本的人生觀。

我們一再反覆強調的是，中國傳統文化不是一種知識積累，而是一種體驗。我們不是要征服它，不是要拿它當作考試與謀生的工具，而是要生活它。或者說重要的不是你能擁有什麼，重要的是你要成為什麼。藉由四書五經及老子莊子等經典，我們會察覺到中國傳統文化的主線絕不是這個或那個定律，也不是這種或那種的專門技術，而是一以貫之地透過修養自身，透過處理人際關係，透過觀察自然，來瞭解人自身、人與人、人與天地自然的關係，最終到達天人合一的境界。說白了，中國傳統教育的目的就是，學生活、學做人。

其實在三字經的開篇，「人之初，性本善，性相近，習相遠」當中，就首先交代了這個真理。一位已故的當代國學大師在講解《論語》時，特意談到了這個善與惡的問題，分別引用了孟子的性善論，荀子的性惡論，又是中又是西地旁徵博引了一堆資料，而最後的結論是，「這人之初，性到底是本善還是本惡，是個大問題哦」。

其實作為一個號稱貫通儒釋道各家的大師，是不應該

在這樣的問題前糾纏不清的。畢竟，如果世界是個循環無端的輪迴，那麼，人又哪裏來的初呢？問題都是我們自己製造的，試圖用一個新問題作為舊問題的答案，肯定是永遠糾纏不清的。

其實「人之初，性本善」這裏的「善」，從某個角度可以理解為完善的意思。就是說人在生下來的那一刻開始，就自然攜帶著天地間所有的因素，像一滴來自大海的水，含著整個大海的苦澀。

用佛家的術語表述，為「自性圓滿」、一切「本自具足」。用一句調侃科學的話說就是，人是宇宙的採樣。就是說無論我們在生活中的方方面面有多麼大的差距，但在這個完善的本性上，我們都是一樣的、平等的。所謂人同此心，心同此理。佛說，眾生平等，這平等，不是遊行抗議聲嘶力竭地爭出來的，而是一個確鑿的客觀事實，因為，我們都是天地的一部分。

奧修有一次跟門徒們談論人與生俱來的平等與完美，一個駝背的門徒實在忍不住而站起來提問，「面對像我這樣一個又醜又駝背，在許多地方都被人嘲笑和歧視的一個駝背人，你怎麼又能說出平等與完美的言論？」奧修不假思索地回答他說：「你怎麼一直就沒有發現，你是一個如此完美的駝背人。」

說句題外話，正如我們前面說的，《三字經》只是中國傳統文化中的蒙學教材，是給還不懂事的孩子準備的。在如今這種「解讀」風潮中，如果說解讀老子，解讀孔子，解讀莊子還情有可原的話，解讀《三字經》，不禁使

人心中暗暗慚愧。這慚愧，應該是因為我們不知道自己偏離軌道已經有多遠了。

在我們自詡科技文化昌明的時候，我們已經退化到了需要啟蒙的心智水準。解讀經典，其真正的重點，大概應該是重新解讀我們自己吧。

五、國學熱與於丹

近年來中國出現了所謂的「國學熱」，這種對於自己的傳統優秀文化重新再認識，實際上是一種在困惑中的逐漸覺醒。雖然這種「國學熱」同樣受到了來自各方面的多種病詬，但其大的趨勢是值得欣慰和肯定的。

因為在任何的學術領域都會有魚龍混雜和良莠不齊的現象，但我們不能因噎廢食，更何況很多的質疑和詬病都是出於私心雜念甚至就是盲目地逆反，所以我們面對的真正課題，是要去思考和探索如何把握和建設性地利用這種機會。而且，如果我們能夠更加深刻地去觀察這個現象，會發現其實發生在中國的「國學熱」，是整個世界都開始在東方古老智慧中尋求出路和解脫的一個地區性現象。

我們之前探討過，當以外向型的所謂的西方文化為主流的整個世界逐漸走入各種各樣困境的時候，當西方科學技術的外向型探索逐漸遇到瓶頸，並且在非常小的一部分的探索中與東方古老的內向型的智慧發生交集的時候，人們才開始意識到，原來東方的古老智慧早就已經站在了人類的頂峰。

在其實並不漫長的歷史中，在我們簡單的、表面的技術向前發展的背後，卻是我們文明程度和智慧的真正倒退。所以說，以中國傳統文化為代表的東方智慧是解救這個世界的唯一一劑良藥。而現在，不僅在中國，在全世界，人們都正在苦苦尋找著這個失落的秘方。

記得在「國學熱」的初期，像于丹、易中天、錢文忠等百家講壇型的「國學明星」出現的時候，立刻在中國的學術界引起了軒然大波，但讓人失望的是，在這些波濤洶湧裏，更多的是對於某個人的否定和攻擊而不是真的出於百家爭鳴的探討，甚至沒有深刻地對於自己所否定和批評的個人進行表象之外的思考與分析。

咱們就以當時的「于丹現象」為例，做一個簡單的分析。的確，現在這個世界越來越小，巡演也變得越來越方便，人所能達到的地域範圍也越來越廣大。不像當年莫扎特的爸爸，帶著自己的神童兒子常年顛簸於馬車當中，也沒有走出歐洲那幾個國家，同時父子倆還要不斷豐富那些不能砸了自己招牌的保留曲目。而如今的巡演，卻可以用一年甚至幾年的時間在不同的地方上演同一首歌。

鑒於此，于丹等一系列文化明星的成功一定是合乎情理之中，也不可能出乎意料。然而，中國人的敏銳往往更注重弦外之音，更值得人們思考的，也許應該是鮮花和掌聲背後的課題，也就是于丹現象到底說明了什麼，我們又該怎樣對待于丹。

其實我們很難界定于丹。就像李玉剛，中不屬於戲曲，西算不上歌劇，僅僅是反串旦角的歌曲，但是也能上

春晚，也能登上雪梨歌劇院的舞台，因為人們喜歡聽，因為有賣點。

于丹沒有像季羨林、任繼愈或杜維明等那樣嚴謹於學問的考據，也不具有像南懷瑾、李瑾伯那樣玩弄怪力亂神的江湖習氣，不屬於西方卡內基心想事成的勵志心靈雞湯，也沒有像胡茵夢等那樣用小資情調包裝東方神祕主義。像者死，似者生，于丹個人的成功也許正是在於她的獨特，在於開闢了適應這個時代的蹊徑。

于丹現像其實並不奇怪，但于丹現象所引起的爭議之中卻暴露了中國傳統文化真正的危機。人們很難確定，打著「孔子很著急」「莊子很生氣」的大旗聲討于丹的文化衛士們，是真正在乎中國傳統文化的傳承，還是僅僅因為于丹的崛起而忿忿不平。

記得有人質疑，如果不能還原真實的孔子，那麼于丹的講學是否靠得住。這種聽上去義正詞嚴的論調實際上反映了一大批中國傳統文化工作者的誤區。

首先，沒有人能還原孔子，就像我們不可能還原論語發生時的情境，也如人不可能第二次踏入同一條河流；其次是孔子所有的教育都是要我們透過自省，透過自身與周圍的關係來認識自己，而不是關注其他，或者說，認識自己比還原他人更加重要。中國傳統文化不是一種哲學理論，而是人存在的方式，是人生活的意境，是知行合一的和諧。所謂格物致知，

中國傳統文化的精髓就在於，透過實踐來達到認知，透過生活來提升心靈，並透過不斷地提升而獲得真正的智

慧。這個世界上沒有任何一種說教是靠得住的，所以釋迦牟尼臨終時說，我幾十年來什麼也沒說。不要說于丹，在通往智慧的道路上除了我們自己，連孔子也是靠不住的，否則，釋迦牟尼身邊最先開悟的就應該是阿難。

其實于丹講論語的書名就可以給人很多啟發，叫「心得」。她沒有說詳解，真意，或者正解，于丹沒有絕對化，沒有讓自己僵化。

文不盡言，言不盡意，就連我們日常生活中的交流也只是企圖達成一種模糊的共識，孔子等所有聖人的言辭，也不過是因材施教與因地制宜的啟發，這種啟發能夠有多大的作用，其實更在於我們對於生活的領悟有多麼敏銳，在於我們希冀智慧與自由的願望有多大，在於我們本身的悟性。所謂論語，可論之語也，正是由不斷地實踐，不斷地總結，不斷地交流，不斷地討論，人們才可能不斷完善與提升。

起碼，于丹在談論語，起碼，她讓被現代社會的茫然所占據的人們知道了有論語這個東西，她把人們的注意力引導到了孔子和他的教導上，引到了中國傳統文化上。如果真有能夠由于丹的介紹而最終使自己深入到中國傳統文化中的人，無論感覺于丹當年所講是深是淺，都會回過頭來感激她的引領。

所以真正的危機就在於我們的很多文化工作者每天只是忙著捧起某個人，或者是殺掉某個神，而沒有真正關注文化本身。同樣是六經注我，如果能接受朱熹的存在，為什麼我們不能容忍于丹。于丹只是個文化工作者，而不應

該成為被捧或被殺的犧牲品，關注和發揚中國傳統文化，其實需要我們善待每一個于丹。

有人說，于丹像是娛樂明星，我們倒真的希望看到，越來越多的文化工作者能夠像于丹、易中天、陳丹青等人那樣成為吸引大眾眼球和注意力的明星。除去所有的頭銜，于丹至少算得上是一個書生，雖然百無一用是書生，但如果真的每百來個優秀的書生裏就有一個發揮了用處，我們相信這個世界將會改變很多。

第三章‧拳者全之道

對我們來說，完美與幸福，永遠在未來的某個地方。而當人覺知到了這種完善，覺知了自己與整體的聯繫，也就找到了圓滿與具足的感覺，也就回到了家，如莊子所譬喻的相忘於江湖，如禪宗講一滴水回歸了大海。

拳意禪心 ————

一、完善全整

　　人所有的慾望與痛苦、焦慮和困擾，就是因為看不到、感覺不到這種與生俱來的「完善」，因為與整體失去了聯繫，就彷彿一種小孩丟了媽，或者說是找不到家的感覺。對我們來說，完美與幸福，永遠在未來的某個地方。而當人覺知到了這種完善，覺知了自己與整體的聯繫，也就找到了圓滿與具足的感覺，也就回到了家，如莊子所譬喻的相忘於江湖，如禪宗講一滴水回歸了大海。

　　太極拳強調一動無有不動，強調整，正是要透過觀察自己來找到這種和諧與整體感，首先是自己身體各個部位的整，然後是心意與肢體的整，最終是人與外界環境，也就是與天地的整。這個整，是整體感、是整合、是高度的和諧，而不是一般人所理解的整成一大塊。

　　很多人在練拳時為了追求這種被誤解了的整，手不敢伸腳不敢動，只怕被師父批評為局部運動，缺少整力，結果動起來像個關節僵硬的機械人。

　　其實傳統武術對於整有個很妙的比喻，就是「一枝動，百枝搖」。試看一棵樹的搖動，絕不是所有的枝椏動得如閱兵式般的整齊劃一，而是所有的樹枝各動各的，但同時彼此又完美協調地配合。還有一個現象就是，一定是

粗大的枝幹動作幅度小，速度慢，細小的枝幹動作幅度大，速度快，其中動得最不易察覺的，就是樹幹。而很多人卻真的將整做成了「樹幹搖，而百枝不動」，結果便做成了人為的僵硬，而不是自然的整合協調。

其實這個整合協調的整，應該理解為是所有的局部都被調動起來，並合理有序地完成外在動作。這個合理有序，肯定不是大家齊步走，而是兵分多路，各司其職，其運作有先後快慢、有本末始終。

可以試著觀想一下目前我們所觀測到的天體運轉，就以簡單的太陽系作為觀想對象，我們會發現整個系統運轉得如此完美，每一個天體都是按照不同的軌跡、基於不同的速度，但卻與其他天體配合得精準至極。

這個系統的運轉就是整的完美體現，那麼如果人體的各個部分都能做到這種高度的協調，即完全發揮出局部的優勢，又與其他各部位精確緊密地配合，也就是達到了拳術所要求的整。只有達到這種和諧的整，其拳勢才能做到連綿不絕、一氣呵成的鳳舞龍飛，在技擊中才能做到有感而發，發則無不中的，於修養身心中才能漸入全體無滯、天人合一的佳境。

從整合的角度，我們可以理解為，拳者，全也。意即透過太極拳等的拳術修練，而逐漸發現自己本自具足的完善，感受到與天地宇宙從未分開過的歸屬感與大喜樂。從太極拳修練所追求的這種高度的協調統一中，我們也可以由反觀而發現自己目前的分裂狀態。

人本身蘊藏著超越想像的巨大能量，但為什麼我們卻

無法發揮和利用這種與生俱來的能量，其原因就是因為我們是分裂的。我們身體由內而外的所有部分都在低效而單獨地作戰，而且彼此沒有聯繫沒有溝通，甚至在彼此消耗彼此阻礙，互相拆台。

對於這一點，葛奇夫做過一個非常貼切的比喻。他說，我們每個人的內部都攜帶著無數個自我，而且現實是，每一個自我都會輪流做數分鐘的皇帝，並在這期間行使絕對的至高無上的決策權。這一刻我們做了一個決定，而下一刻我們又換了另一個決定，而全然不顧是否會與前一個決定產生衝突。其原因就是現在的這一個皇帝根本就不知道上一個皇帝做了什麼，更不會考慮下一個即位者將會怎樣。

比如，我們經常會在前一天晚上雄心勃勃地決定從第二天起開始晨練，而第二天早晨到來時卻選擇還是睡個好覺，其原因就是我們是在被無數分裂的自我操控著，而且這無數的操控者彼此之間全無聯繫。

所以，葛奇夫認為，我們從深層意義上還不能稱之為人，還不具備人的整合條件。所以中國傳統文化當中，把達成這種統一和諧狀態的人稱為「至人」「真人」，也就是說真的可以被稱為人了，而現在的我們，都是假人，或者說不配被稱為人。

所以說，我們就是要透過太極拳的訓練，將中國傳統文化中這種整體觀透過人體來完美地體現出來。中國傳統文化的整體觀，一直體現在傳統社會生活的方方面面，可謂無處不在。

我們仍以教育為例，中國傳統教育的主要核心目的，絕不在於要培養某種專業的技術人才，而是著重培養健康的人格，著重培養出通才。首先做好人，然後才能做好學問；首先做好學問，然後才能一通百通，無所不通。我們看，中國傳統教育成功培養出的人，一定是文學家、一定是詩人、一定是書畫家，如果有機會那麼一定會成為政府的管理人才，天下太平時琴棋書畫無所不精，世道不安時則上了馬就能帶兵打仗。

「文武全才」，描述的就是我們心中理想的通才。在中國歷史上，文人在國家民族危難之際大都會「投筆從戎」，而其中文才武略兼備的「文武全才」更是數不勝數。「操吳戈兮被犀甲，車錯轂兮短兵接。旌蔽日兮敵若雲，矢交墜兮士爭先」，從屈原《九歌》當中的詞句裏，我們就可以感覺到這種文武剛柔內外交互的特質。

在漢朝，班超——也就是《漢書》的作者班固的弟弟，在國家邊疆受到侵擾時，說出了「安能久事筆硯間」的豪言壯語，之後投筆從戎。到了唐朝，由於大批的文人從軍，竟然成就出了「邊塞詩人」一派。「寧為百夫長，勝作一書生」，「黃沙百戰穿金甲，不破樓蘭終不還」等廣為流傳的詩句，活脫脫地展現出了這種「葡萄美酒夜光杯，欲飲琵琶馬上催」的狂放瀟灑境界。

「先天下之憂而憂，後天下之樂而樂」的范仲淹，不僅能吟出「塞上秋來風景異，衡陽雁去無留意」這樣慷慨激昂的句子，更在宋朝三十年無戰事之後，於西夏率軍侵擾之即，在五十二歲高齡時掛印出征，收復失地戍邊數

年。無論是「金戈鐵馬，氣吞萬里如虎」、與蘇軾並稱為「蘇辛」的辛棄疾，「上馬擊狂胡，下馬草軍書」的陸游，還是「人生自古誰無死，留取丹心照汗青」的文天祥，從他們身上，我們都可以充分地感悟到中國文化在培養「全才」方面獨一無二的效果。

所以說，中國傳統文化的精髓就在於放之則彌六合、退而卷藏於密的一以貫之。得了這個「一」，無所不能。習練有得者，不僅變化自身氣質，更會影響周遭，在自身的影響範圍之內體現出不言之教的和諧。換句話說，一個透過習練太極拳走入正軌的人，應該是功夫好、家庭好、人際好、德行好，樣樣都好。同理，凡是生活中有任何不盡如人意的缺憾，都是在暗示出我們內在修練的偏差。

所以說，拳者全也，在太極拳修練中，我們會經常聽到，太極拳是一，不是二！

二、萬物無非關係

感受到這個「一」，才有可能漸漸形成整體觀，才有可能理解天人合一的境界，因為天地人本為一體，我們所有的修練都是希望能夠重新認識和感受到自己與整體的聯繫。佛家告訴我們萬法皆空的道理，是揭示出萬法本無自性，比如水本身並不存在，水的狀態只是氧和氫的機緣巧合，進一步看，冰更是水在溫度條件下的夢幻泡影。如此一個虛幻引發另一個虛幻，循環往復，就形成了眼花繚亂的世界。

當我們沉迷執著於這些夢幻泡影當中時，也就是迷失了自己。如果所有引起我們痛苦和迷惑的原因，竟然都是華而不實、沒有自性的鏡花水月，那麼面對我們自己這些無中生有、盲目虛幻的痛苦與迷惑，其實沒有必要去找到答案和解決方法，唯一需要做的就是看清、看破，從而真正地明白。

　　覺悟是即刻的、是不需要道理的，當下放下就是，而外在幻象的存在卻依賴著嚴密的推理。這也就是禪宗所說的頓悟與漸悟的區別。能夠經過嚴密的邏輯推理，把一個事物分析透徹，當拆解得一物不剩時，也就自然破了幻象的本質。所以，無論任何學問，我們用功的所在，也就是事物內外的一切關係。

　　佛家稱這種關係為「因緣」，在儒家則為「仁」學，用現代些的表述來說，就是「萬有引力」「蝴蝶效應」，或量子物理所描述的「無量之網」，說明世間的一切都存在著嚴密複雜而精密的聯繫，有道是「萬物有聯且美」。

　　試看儒家所倡導的「仁」字，實際上就形象地描繪了這個天人合一的境界。這個字象形地描繪了一個人站立於天地之間。人聯繫著天與地，處在一種微妙的錯綜複雜的關係裏，中國傳統文化真正的目的就是要讓人看清並瞭解這個關係，所以真正能到達這種和諧境界的人才能稱之為「仁者」。

　　所謂仁者無敵，不是說誰也打不過他，而是說這個人在任何方面都不再有矛盾與對立，因為他不僅達到了自身的和諧，同時也達到了於所有人、事、自然的和諧。這

時，說達到某種境界，已經有些不恰當了，更準確的表達是，發現了天人合一的客觀事實，畢竟人一直就是天地整體的一部分。

那麼太極拳在修練過程中，其目的也是要由觀照來瞭解這種聯繫，這裏既有自身聯繫，也有自身與外界的聯繫。對於自身，就是拳論所說的「心與意合、意與氣合、氣與力合，手與足合、肘與膝合、肩與胯合」等內外三合。對於外界，就是與對手的聯繫，與環境的聯繫，與天地的聯繫。

稱聯繫也好，叫關係也罷，其背後，則是了了分明的覺知。就自身而言，太極拳所訓練的就是對於肢體和心理的協調配合以及微妙變化的覺知。無論做任何一個動作，都要對身體的各個大小關節、各個肌肉群及整體的平衡等，保持自始至終的觀照。

在運動軌跡中的任何一個點，都要瞭解肢體的狀態和感覺。光以一條手臂的平直向前運動為例，抬起胳膊到底需要多大的力量，從肩到肘到手是否達到了以最大放鬆為基礎的聯繫，在手向前平直運動的過程中，如何平衡指尖的引領與肩肘催動的配合，在這個心理的直線運動中，手臂的各個關節到底走了一個什麼樣的複雜軌跡等，以上這些因素也就是平時訓練時關注的對象。

這還僅僅是一條胳膊，如果細化到感覺到手指各關節的變化，每一條肌肉纖維的伸縮，以致於胳膊與其他肢體之間的感覺，甚至是動作的每個片段中的心理狀態，則意味著訓練內容的逐漸豐富以及強度的逐漸遞增。這也是所

謂初級與高級的不同。

其實無論訓練多麼複雜，用一句話就可以概括，就是，要知道自己的手腳到底在哪兒，心唸到底在哪兒。

無論處在行住坐臥的任何狀態，如果有人猛然地問我們普通人一句，現在的左腳在什麼位置，或者詳細一些問，現在無名指第三個關節是什麼狀態，大部分人都會頭腦中首先出現一片空白，然後才能去真的看一眼，手腳到底在哪兒。

這個現象就說明了我們總是處在不覺知的狀態當中的，甚至是睡夢中的狀態，從而根本無法去處理此時此刻發生的任何情況。還不要說每一刻的起心動念，只是肢體這點極粗的觀照對我們來說都是艱難巨大的挑戰。

自身訓練時，手腳放對地兒，就是自己達到了協調與平衡，在技擊對抗中，把手腳放對地兒，就是贏了人。手腳放對了地兒，就贏了人，那麼心思放對了地兒，就成就了自己。葛齊夫的那句話，「時刻記住你自己」，是一句多麼至簡而極困難的修行。

三、太極拳為什麼要慢

太極拳訓練給人的第一感覺和最深刻的印象就是慢，甚至看上去軟綿綿的。任何人第一次看到這種又慢又軟的操練，都肯定會對其拳術性質，也就是技擊作用產生疑問。這個疑問是非常自然的，因為我們實在無法將這種緩慢柔和與電光石火的搏擊格鬥聯繫起來。

正如武術諺語中「唯快不破」的說法，現代競技體育也在提倡「更快、更高、更強」。於是，慢成了太極拳面對的首要質疑，於是產生了不無調侃的論述，就是「太極拳習練者竟然相信由緩慢的訓練能夠最終達到動作迅速的效果」。

其實，這個調侃般的論述真的說對了，因為它揭示了一個真理，揭示了一個在習練一切技藝當中的具有普遍意義的法則，那就是要想達到自然高效的高速，慢，是唯一的途徑。

咱們暫且拿學習鋼琴演奏作為比喻，世界上所有演奏家，無論多大名氣，在習練曲目的時候，無論是快板還是暴風驟雨般的急板，都是要用放慢幾倍的速度進行練習。即使是平時的日常音階與分解和弦練習，也是行走般的慢速度進行練習。這種練習方式的核心就是放大細節，對於自己，要瞭解自己各個手指的運動狀態，以及和身體的配合，之後才能使自己的演奏技能發揮到最佳。

對於音樂，要在慢速度時保證每一個音符的正確時值和每個音符所在的正確節奏，之後才能在正常的快速度中，做到不含糊不丟音。之後在訓練中速度逐漸地提升也完全是依靠放鬆而不是力量。

不僅鋼琴，在所有的器樂演奏習練中，這種慢速練習與快速練習的分配，甚至達到了九成與一成的比例。可以毫不誇張地說，在演奏家們的比較中，無論是演奏技巧還是音樂表達，水準更高的那個，一定是在訓練中慢練的比重更大一些。

我們以此類推，用略為宏觀的眼光去觀察事物，就會發現不僅僅是樂器，掌握其他所有技巧性的技藝，都是要慢練的，都是要放大片刻與細節，在潛意識中加深正確習慣的印記，這是一個普通得不能再普通的真理了。

　　我們之所以無法在第一時間去接受太極拳的慢，其核心原因也許是我們還沒有學會透過紛繁複雜的現象，看到事物內部共通的道理，感受不到萬物一理，也還做不到一以貫之。之所以這樣，是因為我們既對太極拳不瞭解，也對搏鬥不瞭解，僅僅從表面現象就產生的疑問，往往就是出自於無明，說明我們對一切事物都不瞭解、不知道。如果我們深入觀察細細體會，會發現我們所有的懷疑其實都不是真的針對具體事物的，而是我們體內一直深深地攜帶著的特質，是因為不瞭解而產生了恐懼，再從恐懼中而生出對於一切的無端懷疑。

　　試想，作為一個普通人，我們是否真的相信過什麼？所以說，人缺失的不是信仰，而是信任。因為信仰可以是盲目的，不負責任的，你只要把所有的疑問和困惑交給上帝或哪位大神，就可以繼續渾渾噩噩地生活，而信任，是真實對自己負責的，是知道以後，是瞭解以後的全然接受，其所表現的，是一份永不受打擾的淡定與從容。

　　《拳經》一直告訴我們，太極拳架所練的是知己的功夫。知己功夫說出來，是平平淡淡的一句，而其概念之後的內涵，卻是無限的。因為真正知己是一個極大極難的真實的學問與功夫。《大學》中說：「自天子以致於庶人，一是皆以修身為本。」在自知這個課題前，人人平等，而

自知的修養的差異，也最終決定了人在質的層面上的真正高低。所以，才有孔子的「敏於事而慎於言」，才有曾子的「吾日三省吾身」，才有顏回的「得一善，拳拳服膺」，也才有釋迦的拈花和迦葉的微笑。

再回到慢練中來，也就是說，透過慢練對於肢體的運動產生正確認識，再透過與意念的協調，用放鬆的狀態進行表達，最終是可以達到非常快的速度的。但在太極拳經中有「觀耄耋以禦眾，快何能為」的說法，以及在很多拳論中都傳遞出對於「手快打手慢」的不屑。

其實，太極拳否定手快打手慢的原因，其重點並不在於否定快慢，而在於知與不知。手的快慢，僅僅是外在的表象，這個快可以是低效的，甚至是盲目的，帶有賭博性質的孤注一擲，有可能打到人，也可能打不到，有可能打中人，也可能被打。而慢練出來的神速不僅在表象上要比單純肢體的運動快速很多，而且其勝利的核心原因並不在快，而在於知道，在於覺知，是因為覺知而產生的快，更因為覺知而使這個快發揮出最大的效應，絲毫沒有浪費，表現得恰如其分。不知的快是低效盲目的，知了，一定是快的，而且無不中的。

總而言之，心明，則手快。太極拳經中說，「動急則急應，動緩則緩隨」，所以快慢不是目的，而只是根據當時的情況自然形成的一種表象，而勝負的關鍵，全在於知與不知，在於整個內家拳訓練體系所要培養的素質，覺知。所以更確切的表達應該是，太極拳在技擊當中其實是勝在了明眼打盲目，所謂拳打不知。

四、鬆來鬆去為哪般

理解了太極拳的慢練，也會使我們對於習練拳架的另一個要求有所初步的認識，就是鬆。鬆這個字，可以說是整天掛在太極拳習練者嘴上的、曝光率極高的一個字。往往一句「你沒鬆下來」且沒有後續解釋的評判，無論對於練習拳架還是推手的習練者來說，都會感到雲裏霧裏，莫衷一是。如果我們像看待慢一樣，把鬆這個狀態脫離開太極拳來看，我們就會再次發現，原來放鬆仍然還是一切技藝和運動共同的普遍規則，並非太極拳所獨有。如前所說，快速的基礎是慢，而速度的提高在於鬆。

我們還是拿樂器演奏作為比喻，無論是鋼琴演奏中手指的觸鍵，還是小提琴演奏中的運弓，都是要求在關節與肌肉放鬆的狀態下來進行速度與力度方面的控制。因為只要關節一僵硬，就失去了速度和力度變化的可能，而失去了演奏的生氣。

同樣在太極拳的拳架訓練中，鬆是為了使身體各個部位能夠根據不同的運動而時刻保持在自然合理的狀態，為了動作完成得更加順暢，也為了使身體各部之間達到更有效的配合。

鬆，是為了更高效，也是為了找到並維持一種高度的平衡。比如面對一輛因為大量超載而無法運轉的汽車，我們首先要做的就是逐漸卸掉多餘的負載。一開始可以是大量的卸載，但越到後來越需要細微的放掉，直至這輛車既能夠重新運轉起來，又能夠使其負荷達到最大化，也就是

說，達到一個最高效的平衡。

太極拳所要求的放鬆，有動靜兩方面的作用和意義。首先，在相對靜止的狀態中，四肢百骸每個關節和每一塊肌肉，都要形成和建立起最合理的聯繫，彼此沒有任何較勁的地方，即使還做不到互相幫助的默契，起碼要做到不互相消耗和干擾，其狀態被拳論描述為「骨節相接，肌肉不用力」。同時，在動態中還要保持這種鬆，這時鬆的目的是要讓自己知道舉起一隻胳膊和推進一隻手到底需要多大的力量，還要知道相對於這隻胳膊全身各部位又都分別產生了什麼樣的相應位移。

另外，鬆的狀態又像是使河道保持順暢，使道路不產生擁堵，從而使能量的通路保持暢通，使力量的傳輸達到最高效的狀態。

當我們揭開太極拳訓練中有關慢和鬆描述的神祕面紗，我們就能更深刻地理解到，慢和鬆本身不是目的，而透過慢和鬆所培養出的覺知，才是整個訓練的核心。單純地過分地脫離訓練目的和整體協調的鬆都是片面的，甚至是毫無意義的。無論承認與否，現在很多太極拳習練者就是把鬆單純地做成了軟。

試看地面上攤著的一塊巨石，從什麼角度看都跟軟扯不上關聯，但它卻真正鬆到了極點。有很多習練者因為不理解或誤解，幾乎已經到了「如不鬆，吾寧死」的本末倒置和不知所以的執著狀態，而徹底忘卻了，鬆，不是使自己趨於死地，而是為了要活。

太極拳訓練本是要使我們放鬆，而有時誤解卻反倒使

我們越來越緊張，從外到內。同樣的道理，太極拳訓練中對於身體的頭頂項豎、含胸拔背以及沉肩墜肘等要求，也都是為了使身體各部位及肌肉關節，處在最自然最高效的聯繫狀態。但值得注意的是，所有這些要求都是透過去除多餘的沒有必要的消耗而達到的。換句話說，我們無法透過努力的方式做到這些要求，透過努力和較勁，即使在表面上做得很像，也是一種假象。

這些要求應該是由放棄達到的，比如由努力而做到的頭頂項豎是一種緊張的表現，而相反頭歪頸邪的鬆懈之態也會造成其他關節肌肉的無謂緊張。而我們要做的，就是由覺知感受到這種緊張並將其放掉，就是在這個放掉的過程當中，我們會發現，頭自然正了，脊柱自然直了，肩與肘等也自然的沉墜了。所有這些特徵，都是肢體合理之後的自然表現，而我們用做作的規矩去追求合理，就是緣木求魚了。

仍然用「沉肩墜肘」這句話為例，一般來說，很容易被我們理解為「讓肩沉，讓肘墜」，於是我們就很容易主觀地由努力和作為而達到這個標準，這樣的做法，只會使肩更僵肘更硬，與其初衷背道而馳。所以，對於沉肩墜肘更恰當的理解應該是，「感覺到肩的沉，感覺到肘的墜」，也就是經由不斷地放鬆不斷地調整，當身體越來越接近鬆緊之間的最佳平衡時，我們的覺知自然會照見身體每個部分的存在狀態，這時胸也自然含，背也自然拔，沒有絲毫的矯揉造作。透過這種方式，我們就從主觀變為客觀，從做者轉變為看者，從舞台到了觀眾席，一切自然也就有了

本質上的不同。

　　老子說：「為學日益，為道日損，損之又損，以致於無為，無為而無不為。」老子在這裏只是又闡述了一個客觀事實，沒有附帶任何傾向與情緒。其核心在於老子揭示了整體的兩個向度，陰陽正負，同時也闡述了這兩個向度不同的運作方式。以人為基點，向外是為學，是正的，是增加的，向內走是為道，是負的，是損抑的。所以，在外用功時要用增益之法，而做內功則是要損抑之法，這兩個方向沒有誰是誰非，兩個方向的努力最終相合，才是真正圓滿的道。

　　為學，也就是世間的學問，一定是日益的，我們經歷的事情以及我們獲得的實際經驗及訊息當然是每時每刻都在增加的，我們的眼界一定是在逐漸開闊的，我們從中獲得的滿足與快樂也自然逐漸增多，世界也一定是越來越美好與快樂，這是必然的也是無可厚非的。但關鍵是，我們在世間的不快樂並非是這個世間的錯誤，而是我們本身的原因，正是我們對於美好與快樂的追求造成了我們的不快樂，而且我們忽略了生命的另一個向度，內。而這時，老子則為我們打開了一直被我們忽略的這扇門，擴展了我們的眼光與思路，這扇門就是我們自己。

　　我們都知道，老子還說過「反者道之動」的話，如果人是整體內與外交集而產生的一個火花，那麼人也就處在了正與負、可見與不可見、內與外的臨界。

　　在這個臨界點的兩端，一切都是鏡像的關係，如果在外有一棵樹的形，在內一定有一棵樹的影，同理如果在內

有一棵樹的影，外部同樣一定會顯現出一棵樹的形，唯一的區別就是正負極的相反。所以，要想達到圓滿與完整，在外在世界努力的同時，也不要忽略甚至忘掉內在的世界，因為如果在瞭解與知道的基礎上，向內做功，會達到外向努力的同樣甚至是更好更有效的效果。

為了外在的益，就在內在的、損的向度做功，內在的極致也最終反映到外在，這就是無為而無不為。這也是佛家所闡述的捨得之道，做到真捨自然實得，得真實大利益。而說真實利益，是相對於我們目前所謂利益，我們根本不知道什麼是利益與好歹，只是在盲目地追求人云亦云毫無根據的「幸福」，其結局可想而知。

想像我們置身在一片美麗的海灘之上，當我們執著地用雙手去企圖握住盡可能多的沙子時，我們會發現，使用的力量越大，沙子從我們的指縫間流失的速度也就越快。在筋疲力盡之後，我們得到的只是兩手空空的挫折感，而最關鍵的問題是，我們都不知道為什麼要去做這件事，透過這件事我們要得到什麼，我們從來沒有質疑過自己的生活目的。當我們在筋疲力盡的挫折中，如果機緣巧合，我們放棄了這個盲目而無意義的企圖，任憑疲憊的身心毫無慾望地躺在沙灘上的同時，我們會突然發現，其實自己已經擁有了整個的海灘和所有的美景，以及與這個美景融為一體的真實滿足。至此，我們也就達到了一個重新思考並重新開始感受真實的可能。

回到我們的話題，太極拳在訓練中所強調的一切鬆、慢、靜以及對於身體各部分的狀態描述，正是透過「反者

道之動」的原則，透過損抑之法向內做功，從而在外在展現出完美的平衡。鬆仍然不過是訓練敏感和覺知的手段，並不是目的，經常聽到太極拳習練者說，「對手鬆，你要比他還鬆」，其實更確切的表達應該是，對手靈活敏感，而你要比對手更靈活敏感。

五、空

空，是另一個被太極拳研究者說濫了的字，在各種解密的雲山霧罩中，直給人感覺談空第一的不再是須菩提，而是中國的太極拳大師們。濫，不是爛，濫是因為人云亦云而不知所云，最終混亂迷失了所要傳達的意義。要真是能說爛了，到是真明白了，畢竟最終空掉了空。

空這個字，在漢語中有多種意思的表達。《說文解字》解釋為，「竅也，從穴工聲」，說空是穴，是竅，是個窟窿。除了窟窿，從孔竅引申擴大了範圍之後，空也就用來表示空間、空檔或虛空，也就是沒有，空字還可以做動詞，為使空虛之意，而空字被用做副詞時，則表達了「徒然、白白地」的意思，徒然這個詞使人黯然，古人甚至有「空亡」的話，俗語就是死了都白死。但願眾多打著研究太極拳旗號的談空說不是白忙一場，而到頭來空餘淚痕。

當佛家把空字借過去之後，才真正將其內涵發揮到了極致，用以表達萬物皆從因緣而生，沒有獨立個性，終究虛幻不實。一個空字，揭示了宇宙的真理，所以佛家又被叫作「空門」，而佛自然就被稱為了「空王」。

《心經》中，觀世音菩薩在深深的禪定中看透了世間性空緣起的真理後，不厭其煩地開示道，「色不異空，空不異色，色即是空，空即是色」。

　　空不是簡單的、表面上事物的沒有和不在，一個物體的不在，只是現象上的沒有，因為如果拿掉一個物質，它剩下的空間還是物質的。事實是無論世間的事物是在還是不在，無論你看到還是沒看到，都是不具有真實本性的，而只有空是真實的。舉一反三，聽到的、聞到的、嘗到的、觸到的、考慮到的，都是本來就不具備獨立性的，僅僅是一環套一環的因果。

　　這裏的「空」與「色」，也就是老子所說的「無」和「有」。《道德經》第一章就說：「無，名萬物之始，有名萬物之母。故常無，欲以觀其妙，故常有，欲以觀其徼。此兩者同出而異名，同謂之玄，玄之又玄，眾妙之門。」無或者空，是萬物的真實本性，也就是體，或稱為內在；色，是萬物的表現形式，也就是用，或稱其為外在。沒有體，就不可能有作用，沒有作用，體也就失去了意義。

　　總之，空說的是萬物的內在屬性，只有時刻把握住這個屬性，才能感受到萬物生長的奇妙；色說的是萬物外在的表現，只有時刻留意和覺知這些表現的千變萬化，才能體會出彼此聯繫的錯綜複雜。所以空與色，有與無，彷彿肉體與靈魂之不可分離，也如硬幣兩面的必然一體。這內與外的世界同樣的玄妙無窮，無論從哪一個方向深入，都有機會打開通向終極真理的「眾妙之門」。

　　說了這麼多，無非是想知道，太極拳家們口中筆下的

「空」，到底要站哪一個隊、靠哪一個邊兒呢？接觸太極拳多了，我們一定經常可以聽到許多不知所云的表達，如，「因為我空了而你沒空所以我把你空了，太極拳的空就是哪哪都是空的窟窿以致於把自己空成了個空鬆人，所以就妙手空空了」，簡直就是空成了一鍋粥。

特別是每次看到某些太極拳大師晃著雙手、目光直愣、得意洋洋地說出「我妙手空空呀」的話時，第一感覺就像是看到了一個剛從過街天橋上僥倖脫逃回來的小偷。因為妙手空空形容的就是小偷，要是覺著難聽暫且叫俠盜。空空兒就是這麼一個俠盜，在唐朝裴鉶的《傳奇·聶隱娘》中有這麼一段，「隱娘曰：後夜當使妙手空空兒繼至。空空兒之神術，人莫能窺其用，鬼莫得躡其蹤。能從空虛而入冥，善無形而滅影，隱娘之藝，故不能造其境」。從此，妙手空空就成了小偷的代名詞，如清代和邦額的筆記小說《夜譚隨錄·玉公子》中有寫，「昨有妙手空空，伏兒臥室，窺伺久矣」。以致於後來梁羽生的小說中也有了「空空兒」，金庸則塑造出了「妙手書生」朱聰，總之都擅偷。

妙手空空這個詞在太極拳界的鋪天蓋地，是陳鑫惹出的麻煩。清末的陳式太極拳大師陳鑫在他編纂的著述裏錄有《太極拳經譜》，最後一句是，「渾然無跡，妙手空空，若有鬼神，助我虛靈，豈知我心，只守一敬」。

妙手空空在用來描寫小偷之後，也引申出了一無所有之意，因為高明的小偷是純靠兩隻手的技巧來完成工作，不去準備諸如鑷子刀片一類會成為犯罪證據的工具。

陳鑫的妙手空空，要表達的就是不做任何預先準備的
意思。那麼不準備什麼呢，就要看妙手二字在這裏的意思
了。這裏的手是太極拳的手法與招式，或者全面地說，就
是應敵之法，而不是骨節突兀、蒼老肥厚的大巴掌。妙手
空空，說的是所有的應敵之法都是隨機應變的神來之筆，
而不是拆招對練般的按方抓藥。而妙，則是有神妙精妙之
義。《世說新語》裏說「其當是其妙處不傳」，老子則「故
常無，欲以觀其妙」。所以精到的道理叫妙理，幽深的重
點叫妙旨，高明的計謀被稱作妙略，贊文字文章之美為妙
筆，那麼恰到好處的效果就是妙用。

　　陳鑫所說的妙手空空，就是太極拳的妙用。太極拳真
正的妙用，一定不是提前準備好的你來我往，而一定是不
期而然的自然反應，所以也一定是「渾然無跡」的。

　　那麼要達到這種「渾然無跡」的效果，陳鑫也說了，
靠的是「只守一敬」。《釋名》中解釋，「敬者，警也，恆
自肅警也」，就是時刻保持警覺，其意義也就是我們之前
所說的保持自我的覺知。所以《論語》中有「敬事而信」
的說法，事是行動，信是人如其言，人只有每時每刻都保
持著覺知，才能真正對自己的一切行動負責，才能人如其
言而有了信。

　　宇宙及世間萬物都是不具獨立自性的因緣和合，更何
況武術中的應敵之法。「太極本無法，動即是法」，這個
動則出自於得機得勢的自然。所以，陳鑫說真正高明的太
極拳之應敵之法，沒有固定招式套路，而是應感而發的從
心所欲，所以叫妙手空空。

企圖把兩隻大手變戲法般晃沒了而叫妙手空空的，練太極拳沒用，應該去求教劉謙或者大衛科波菲爾。而把太極拳的空理解為胸口的大窟窿，並鼓吹空練到家了，只見衣服不見人的，不應該把自己叫什麼「空鬆人」，而應該叫「透明人」。

南宋學者正應麟寫了部《歐冠子》，在其中《天則》的篇章裏，記述了一個流傳很廣的「透明人」故事。

楚國有個人非常貧苦，他在讀《淮南子》時，發現其中記載道，螳螂在捕蟬時，用一片樹葉把自己遮蔽起來，就可以隱形，使蟬看不到自己，人如果能得到這片樹葉，就能夠使自己隱形。於是，他便整天地站在樹下仰面朝上等待時機。有道是蒼天不負有心人，終於讓他等到了螳螂捕蟬，並且看見了螳螂用來遮擋自己的那片樹葉，於是他便把這片樹葉摘了下來。結果一不小心，這片樹葉掉落在了地上，混在了原來的滿地落葉之中，再也分不清哪一片樹葉是能夠用來隱形的。

於是他就掃了好幾斗樹葉回到家裏，一片一片地拿來遮蔽自己，然後認真地問妻子：「你看得見我嗎？」妻子開頭還如實回答，「看得見。」但這麼鬧了一整天之後，丈夫仍然糾纏不休，妻子真煩了，就沒好氣地說，「看不見了！」這個人馬上興高采烈地帶著這片樹葉跑到了街上去，當著別人的面大搖大擺地到地攤上偷東西，其結果當然可想而知。

當他被抓住並送到縣衙門接受縣官審問時，他便老老實實地從實招來了。縣官聽了整個過程之後，笑得肚皮都

抽了，結果沒治罪就把他放了，誰會跟精神病較勁呀。這就是眾所周知的成語，一葉障目和以葉隱形的出處。

這種「透明人」的心理狀態，其實是人類內心陰暗面淋漓盡致的體現。中國古代的這個「透明人」是為財而偷，而美國前些年出品了一個科幻電影《透明人》，當中的科學家發現自己成功透明之後做的第一件事，就是去猥褻婦女。太極拳練得整天腦子裏都是一葉障目，其層次與境界也可想而知了。

之所以重述一葉障目這個故事，不過是提醒我們古書中的笑話也許並非杜撰，而且就真的時刻發生在我們的身邊。後來這個故事還被錄入了《笑林廣記》，真希望我們目前許多的所謂太極拳研究以致於文化研究的文字，不會最終被收入到未來的《新笑林廣記》中去。

六、含胸拔背

西方在教育中以及在職場當中，都非常強調一個能力，叫溝通理解能力，用來作為評判人才的一系列標準之一。初次聽聞這個參考標準時，調侃多於領悟，心說這都要拿出來單獨研究。與人接觸多了，才發現雖然這個課題的研究沒有解決或改善任何狀況，但卻說明了一個事實，那就是，理解與溝通真的是人與人及人與學問之間的最大障礙。我們過於高估自己的理解能力了，事實上甚至可以說，我們從來就不具備這種能力。

如果說在談到鬆或空這些過於抽象、非常容易產生歧

義的概念時，溝通理解上產生偏差和衝突，還比較容易理解，那麼對於相對簡單的肢體規範也無法達成共識時，就真該引起我們的深思了。理解依靠的是我們心的敏感，而不是能夠說服自己的推理，而問題就在於我們已經失去了心的敏感和體驗的功能。

我們普通的芸芸眾生根本就不關心什麼是做人的準則，什麼是好歹，我們也不具備這個能力，所以我們要的不是生活，而只是一個又一個能夠說服自己的理由。

電影《秋菊打官司》之所以那麼能夠引起共鳴，因為我們都一樣，對待生活中每一個片刻的種種困惑，不過是想要個讓自己心安理得的說法。

有個葷段子，還是出自《笑林廣記》，說一個傻男人帶他的漂亮老婆去看婦科。醫生是個男的，見傻男人的老婆漂亮就起了歹心，就跟傻男人交代，你女人裏面的病很嚴重，需要用我的陽具把藥送進去，於是就當著傻男人的面開始與那個婦人交合。

傻男人雖然怎麼看都不對勁，但還是終於給自己找到了安心的說法，於是湊過去悄悄對滿頭大汗的醫生說：「大夫不好意思啊，要不是你那活兒上有點藥，我還真沒準就起了疑心了呢！」首先簡單接受一個理論、一個事實或一個假象，然後就是竭盡全力地尋找其論據支撐，就是我們所謂的研究，而我們幾乎所有所謂的研究成果，只不過就是如何說服了自己。

如看似簡單的「含胸拔背」四個字，真的給太極拳理論家們帶來了許多的折磨，不禁感同身受的慨嘆，需要怎

樣的絞盡腦汁，才能將自己都覺著彆扭的論述說得皆大歡喜。接下來就看一下對於含胸拔背比較權威、比較有共識的闡釋。

首先在外形上，一方面說含胸是胸部微往裏凹，以達到背的圓，從而使手臂外部和背部撐起一個圓。但另一方面，等人們剛剛忘記背圓這件事時，又翻回來說，含胸是不凸不凹。不知道有誰能做到手臂外部和背部撐起一個圓後，胸部不凹。一個問題沒說明白就趕快轉移話題，再接著說含胸拔背是為了配合腹式呼吸，可誰都有這個常識，胸凹了幫不上腹式呼吸的忙，如果用微凹胸部去配合腹式呼吸，很難不羅鍋駝背。竟然還有太極拳理論家說含胸拔背是彈琴唱歌的共同要素，說歌唱大師要唱得好，身姿必然如他們所描述的含胸拔背。

去看看帕瓦羅蒂、多明戈，或者芭托利、卡拉斯，哪個中氣十足的聲樂大師在演唱時的身形跟這種含胸拔背一樣！跨了界的，隔了山的，最好不要嘗試引用，真的很容易有小尷尬。我們是分裂式思維教育培養起來的，早已不具備旁徵博引的能力，我們所謂的旁徵博引不過是堆砌數據資料，替別人去趟圖書館。

太深的東西咱讀不下來，就看看人家周興嗣編著的兒童教材《千字文》，字字出於經，句句引自典，但文字編排渾然天成。一夜截稿，滿頭霜雪，又哪裏有時間去查什麼參考資料，完全是也只能是身心修養的自然流露，那個才叫旁徵博引。

在定義之後，這種說法還給出了含胸拔背做法的「竅

門」，具體做法是，「比如你往椅子上一坐，身體放鬆，雙手放在腿上，這時胸部是往裏凹的，這就是含胸。含者，內含也，是謂含胸，此時的背部是自然往外凸的，形成圓弧狀，這就是拔背。不能用力，要自然，還有就是頭頂與尾椎上下這兩個點要在一條直線上」。

有過體認的都知道，頭頂與尾椎真的做到在一條直線上了，除非兩肩內扣，否則胸部絕對是無法往裏凹的。頭頂與尾椎真在一條直線了，往不往椅子裏坐已然是毫不相干的事。然後，所有的問題再次回到胸部凸凹與否的原點，「含胸不同於凹胸的緊張內收，一般都是胸部平正，不凹不凸的，可以很自然地形成橫膈式深呼吸」。面對這種假扮高科技研究的長篇論文，腦子中很容易浮現出星爺經典的表情，老大，到底是凹還是不凹呀！

武禹襄在《身法八要》中將含胸和拔背列在了首位，其他六要則為裹襠、護肫、提頂、吊襠、鬆肩和沉肘，後人又在這八條基礎上加入了騰挪和閃戰。人生一世，各種各樣的規矩和標準總是越積越多的，不過是因為越活越不確定。

楊澄甫在《太極拳術十要》中也對含胸和拔背做了自己的解釋：「含胸者，胸略內涵，使氣沉於丹田也。胸忌挺出，挺出則氣擁胸際，上重下輕，腳跟易於浮起。拔背者，氣貼於背也。能含胸則自能拔背，能拔背則能力由脊發，所向無敵也。」

是否做到了含胸拔背就能所向無敵，他一說你一聽，別太認真，但最關鍵的是，我們首先要弄清楚含胸拔背到

底是為了什麼目的。

太極拳的習練要求全身放鬆，那麼說一千道一萬，含胸拔背最首要的任務，無非是要使胸部和背部完全處於自然合理的狀況，以配合全身的自然放鬆。而鬼鬼祟祟地凸呀凹的，對於身心的鬆靜，早已造成了擾亂。

即使不是每個人都有含著個熱茄子的經驗，但相信至少所有人在每天刷牙時都有過含著一口水的動作。這個含的動作，含字中有個口，說明其重點在於內部在於空間，而不是外部的凸凹。含，是感受到了內部的空間，含胸就是要在鬆靜自然的狀態下感受到胸內部的空間，就如口含著水一般，是以胸肋含著心肺。胸外部內凹的動作無論多大或多微，都不是含胸，而是包胸或憋胸。練太極拳不是做女人，挺不挺的不是重點。

太極拳說的無使有凸凹處不是要把人練成一個皮球，而是要求身體任何一個部位都不要因為緊張和不合理而拖了整體的後腿。有學過數學幾何的人，畫了個大大的、比阿桂畫的還圓的大圈來說明太極拳的「無使有凸凹處」，並說這是太極拳技擊的核心原理，因為如果能做到這樣的理想狀態就無論怎樣都能保持平衡的了。可惜人不是球，人要練成那麼圓，估計光向相撲運動員借一份飲食計劃恐怕是達不到目的了。關鍵問題是，即使真的練成了那麼圓，在運用那種平衡時，是要滾的！

再次強調，含字中有個口，其重點在於內部空間。人的肋骨如同一個懸掛起來的鳥籠，含胸，是要感受到這個籠子內的空間。感受的方式，就是透過放鬆後的覺知，在

放鬆和安靜中去發現這個空間區域中任何細微的緊張與不適。如果有緊張與不適感，表現在外，胸不是外挺了就是向內憋了。只要胸部這個鳥籠輕鬆舒適，外形的凸凹根本不用去理會，因為在這個舒適中才真正不會發生凸凹。

所謂拔背，真的沒那麼複雜，就是保持脊柱的自然正直。脊柱連接著上下軀幹，牽掛著四肢百骸。如果把人的骨骼比喻為房屋的木結構，那麼脊柱就是關鍵和樞紐的那個部分。對力量向外的傳導，及所有外力的化解，脊柱都起著非常重要和微妙的作用。

所謂「力由脊發」，不是說脊柱是力量的源泉，而是說脊柱是關鍵樞紐，所有內向或外向的力量都要經過它的傳導和分配。這個發，是分配發散的意思，並不是指源頭。因為，力由心發。

七、靜定與共法

除了頭頂項豎、含胸拔背以及沉肩墜肘等對於外在肢體的要求，靜，則是太極拳訓練中又一項帶有核心性質的重要原則。在五字訣中，一曰靜，靜是第一位的。除了在操練中，肢體及外在氣質所反映出的安靜，這個靜更主要是針對情緒、心理狀態等內在因素的要求。正如鬆與慢一樣，靜也是一切世間與出世間法所擁有的共同原則，也就是共法。

所謂共法，就是大家都這麼做，雖然每個人都感覺自己是特殊的，但誰也沒有超出共同的侷限。只有透過共法

獲得智慧而產生本質的提升之後，所作所為才成為不共法。所謂山仍是山，水還是水，只是已非故人。

　　說到共法，無論是所謂的聖諦與俗諦，世間法或出世間法，可以肯定地說，我們所能看到的想到的做到的一切修練方法都是俗諦，都是世間法，都是共法。因為無論你隱居到任何深山，逃到任何海角，也還是在這個世界裏，無論你創造出什麼樣的修練方法，都是來自這個世間的經驗，就如同人無論怎麼描繪天堂與地獄，都只不過是這個世界的變形或者各種恐怖元素的重新組合，而且這些方法別人也一定設計得出。

　　我們怎麼可能用已知來推測未知，又怎麼可能用有限來衡量無限？所以，面對這個世界紛繁複雜的表象，唯一要做的就是透過所有的不同看到和感受到那個共同的。可以有一百個盲人去摸象，可以有一百種對於象的不同描述，而作為盲人之一的我們，如果去執著認識和表達上的不同，甚至為了特立獨行而特意表現不同，就會使事情變得越來越複雜，也會使我們離真理越來越遠。但如果我們能夠在所有不同的表達中提取出那個共同的，這樣，我們離真正瞭解像是什麼才更近了一步。

　　經常聽到和讀到，某派拳術在標榜自己的獨特時說，「別人那個是八十幾式，我們的真傳是一百零幾式」，或者「我們的拳之所以獨特，是因為在這個動作和那個動作之間有如此如此一個秘傳的動作」。不知這些人在表達的時候是否真的那麼有底氣，因為如果心中還有一點懷疑自己的說法，就說明還有救。

接受自己與大家沒有區別的事實，才是開始真正面對了自己，而面對和接受自己也是訓練的第一步。所有的方法，無論是來自哪家哪派的，都是共法，都可以為我們自己所用而去達成共同的目的，那就是覺知、明白。到這時我們才不再執著張派靜功還是李派靜功，而知道重要的是如何在修練的過程中合理利用「靜」這個共法。

對於萬物來說，靜是相對的，動是絕對的。我們一般的理解，會簡單地認為靜就是完全沒有聲音、完全沒有動作，或者是完全沒有思想，這種理解也就有趨於絕對和偏頗之勢。而靜存在的真實意義，不過是使動能夠更加清晰和完整地顯現。

在聲音層面，靜不是要追求死寂，而是要使聲響更加清楚，在動作層面，靜不是保持僵死，而是要使動作中所有的軌跡和變化更加明朗。

那麼，在思想意識層面，靜更不是昏睡，而是讓自己的感受更加清明，從而使覺知這道智慧之光得以顯露。拳經中說：「靜為本體，動為作用。」靜，是動的背景。靜，是為觀察、觀照自己提供了前提條件。

要做到靜，同樣是要透過損抑的減法。《大學》中說：「知止而後有定，定而後能靜，靜而後能安，安而後能慮，慮而後能得。」既從宏觀角度為達到靜的損抑之法提供了次第步驟上的指導，同時也闡述了靜在做學問與修練中的作用與重要性。要達到靜的境界，做法其實非常簡單，這個方法就是停下來。

需要釐清楚的是，真正需要停下來的是頭腦中紛繁的

雜念，因為正是這些雜念蒙蔽了我們的覺知，從而導致了我們外在的盲目行動。但因為在某個階段，我們還不具備直接看到並分辨頭腦中紛繁念頭的能力，所以，有時候需要矯枉過正地停止一切作為，從最粗淺的外在、也就是我們的身體開始停止，透過停止外在的活動將觀照轉到內在，進而逐漸不斷地發覺自己的雜念，發現了，雜念也就自然停止了，所謂「覺後自止」。

還需要領會的一點是，所謂停止了雜念，其實不是與雜念誓死為敵，其深層核心是停止以至消除雜念對自己的干擾與影響。

但當我們紛繁的念頭與盲目行動已經成了渾渾噩噩的習慣時，停止以及維持停止的狀態就需要一定的努力，需要下工夫，這樣就涉及到定的概念。

說到定，我們頭腦中一定有很多似是而非的概念和模模糊糊的描述。有很多人將某些前人成就者的「入定」表述為「定中才一日，世上已千年」的感覺，說入定者自己感覺只是片刻之間，但實際上已經過了很長的時間。但這種似是而非的描述是一定會令人在心底產生絲絲懷疑的。

如果這種失去意識的狀態就是定，那麼每一個做過大手術的人都應該有定的感覺，開玩笑地說，「入定才片刻，腎已被摘除」，這個用毒品就可以達到的昏睡是如此的廉價，又何必去冥想修練。

再者說，一個毫無覺知的無意識的軀體，錯過生命中每一個片刻的鮮活，如冷藏豬肉一樣「定」住百年千年又有什麼意義。

簡要地說，「定」是對於修練者的水準，也就是覺知範圍的表述，而「定力」則是維持這個範圍以及不斷拓展這個範圍所需要做出的努力。對於我們普通人來說先不談覺知，就以保持清醒的理智為例，我們能夠控制自己維持在理智的那個臨界點，就是我們「定」的範圍，過了這個點我們就會失控、我們就會瘋狂，從而做出毀滅性的行動，在這個臨界點之外我們的存在就失去了任何保障。

比如，別人無意中踩到我們的腳，我們就會失控，就會瘋狂，那麼我們「定」的層次就很低。我們有時會因為別人指著鼻子辱罵而失控，有時因為肢體上的侵害而失控，有時因為被背叛而失控，這些都是我們在理智層面不同層次的「定」。

當將這個「定」上升到修練「覺知」的層面，道理是一樣，到哪個範圍是我們的覺知所不能觸及的，也就是我們「定」的範圍。根據修練成果的不同，也許我們只能完美地覺知到肢體百骸的運作，那麼我們的「定」也就是在肢體層面，進而我們覺知到內在氣血的運作，再進一步我們會覺知到意念的運作，就這樣隨著我們覺知範圍的不斷擴大，我們「定」的等級也在不斷地加深。

就拳術來說，無論是自己練習還是搏擊對抗，我們無法做到和失去控制的那個點，就是我們「定」的侷限，而自己練習時為達到標準的努力，以及搏擊對抗時為保持那份控制所做的努力，也就是我們的「定力」。

勉強地解釋，所謂「無想定」或「非想非、非想定」所要表達的，無非就是修練者的覺知範圍，在內在的意識

層面不斷地向更深層面擴展。那麼，即使是看上去死寂不動的「入定」，對於入定者來說，一定是不僅能夠覺知到我們普通人無法感受到的範圍，同時對於我們周遭的事物也是同樣了了分明。

從另一方面看，有「定」在，就是說明仍然在路上，還沒有大徹大悟，因為這時的知還是有範圍和限制的。比如，如果氣球中的空氣為「定」，氣球本身就是「定力」，而當氣球破了，裏面的空氣回歸了整體，也就不再需要「定」了，因為整體是無界限的。

「定而後能靜」，隨著由定力使定不斷加強與擴展，靜也就逐漸地顯露和形成了。我們談論過，靜是動的背景，這個背景的作用就是能夠使我們對於動看得更加清楚。下一步自然出現的就是「靜而後能安」，「安」就是坦然，現在叫淡定。

在安靜背景的襯托下，一切的運動都逐漸清晰並顯現出一定的規律時，人也就自然會變得接受、變得坦然，因為正是那種被蒙在鼓裏的感覺使人產生了不安，同時也造成了行為的盲目。而當這種坦然產生之後，自然也會引導出更深的靜，之後，盲目的行為才會漸漸止息，而此時的每一個舉動都是順應事物規律的自然反應，這種順應規律的反應，才是真正的需要與必要的，不必要的妄念與雜念都已經被「過濾」掉了，這也是「慮」的意義所在。

人能夠在認識自己的過程中，知所需、取所需，也就是有了「得」。得者，德也，也就是人格不斷健全，智慧逐漸生發，直至生命的最終完整。生命和真理一樣都是鮮

活的，所以任何導致僵化與死亡的理解，就都是誤解。同樣，在太極拳訓練中，任何認識和理解上的偏差都將最終導致失之毫釐，謬之千里。

八、中

無論千里還是毫釐，都是失去了平衡，結果是一樣的，也就是拳術中說的失了中。動或靜不是目的，動靜一如才是追求，因為動靜一如其實也是一個客觀的真理。

宇宙中本無動靜之分，動靜一如了，也就得了這個中。有解釋說，中國之所以叫中國，是因為古代中國人認為自己在世界的中心，一派胡言。中國之所以稱為中，是因為中國人掌握了天地萬物的平衡之理與天人合一的和諧，這個中，是平衡是和諧。「不偏謂之中，不易謂之庸」所表達的，就是在恆動的天地中、在不斷的變化中、隨時隨地把握住了平衡，更在這種動態平衡的不斷調整中，展現出外在的不變的泰然自若。

另外，誰認為自己是宇宙的中心都沒有錯，這個宇宙本沒有中心，也就是無，所謂「無以為用」，但一切事物起作用時，就要假設以自己為中心，這是有，所謂「有以為利」，方便嘛。就如一張由無數個個人交織成的錯綜複雜的人際關係網中，沒有一個中心，因為任何一個個人都會根據事情和目的的不同而成為中心。

「執其兩端，用其中於民」，這是孔子對於舜的大智慧給予的評價。要達到動態的平衡，只能透過不平衡的運

用。試看可以作為平衡標誌的天平，為了達到平衡，需要不斷地對左右兩側進行由粗到細的重量增減，而沒有必要也不可能去變化天平的中桿。所以，我們所有的思與做，一定都是片面和偏頗的，所謂平衡就是在片面和偏頗中不斷調整。

鼻間到肚臍也好，頭頂到尾閭也罷，在拳術中我們找到的這個所謂「中線」並不是一個絕對值，所謂守中和保持平衡，其實是如何利用不平衡去協調前一個不平衡。如果把「中線」當作絕對的，那麼就只是在尋求一個靜態的平衡，而靜態的平衡是根本不存在的，如果把守中僅僅理解為看住這根想當然的中線，肯定在對抗中會陷入手足失措的被動。

不要說搏擊、推手、單操和套路，就是看上去好像沒有動作的站樁和打坐，也是以鼻間到肚臍或頭頂到尾閭所謂的「中線」為參照，不斷調整週身的四肢百骸和肌肉氣血。因為人的內在也是恆動的，每個片刻的血液流動，每個呼吸帶來的鼓蕩，都會引發身體內外每個細節的不斷變化。站樁和打坐這種看上去的「靜功」與套路單操等「動功」在訓練目的上沒有任何區別，都是不斷透過覺知，利用不平衡來調整和協調前一刻的不平衡，永無停止，只不過站樁是更加極端更加細緻的訓練方式之一。所以，王薌齋稱其為「生生不已之動」。這也是站樁即是走架，走架就是站樁，所謂「樁架一體」的意義所在。

在現實中，即使是看上去已經靜止了的天平，左右兩端本身的質量也是在每時每刻變化的，只不過是我們的遲

鈍無法察覺其變化。而人，要比天平複雜得多，要維持人體動態中的平衡，則需要對身心內外不斷地進行相應明顯或細微的調整，這就要求具有極度的敏感與極速的轉換，能夠完成這個目標的，還是我們要培養出的「知」。所以孔子會感嘆，中庸之道不行久矣，因為太難了。而只有達到了身心內外的中，才可以稱得上「忠」，這時是心裏有了中。

覺知應該是綿綿不斷的持續。世界上沒有一勞永逸，因為逸就意味著死亡，就如退休只是一個虛幻的詞彙，因為我們的身心始終不會真正的止歇，唯一的退休就意味著這個軀體的一切都不再工作了。走鋼絲要比天平的比喻來得更貼切，走鋼絲需要持續的專注和不停地調整，這一步的平衡並不保證下一步也是安全的，這個片刻的安全不意味著可以不再維持覺知，走鋼絲需要持續不斷地保持覺知，持續不斷地進行調整。

這也是太極拳為什麼又被稱為「長拳」，太極拳又為什麼強調「連綿不斷」的意義所在。這也是孔子說「逝者如斯夫，不捨晝夜」的意境。所以，覺知應該是綿綿不斷的持續，也必須是綿綿不斷的持續，因為任何一個覺知的不在都是生命的不在，人就已經掉下了鋼絲，我們的生命中，又有幾個片刻活在覺知之中？還是孔子的話，「人皆曰予知，擇乎中庸，而不能期月守也」。能期月守的，已是頂尖人物，現在一定沒有了。

逝者如斯、連綿不斷說的是生命的流動，不流動就意味著死亡，太極拳就是要在流動的覺知中有感而應。與流

動相對應的，是滯。《太極拳經》中說：「偏沉則隨，雙重則滯。」長久以來，雙重這個概念一直是太極拳理論家們激烈探討的焦點問題之一。至於到底什麼是雙重，有說是兩腿平均站立的，有說雙手齊出的，有說同側手足的，等等，真正的眾說紛紜。而且，《太極拳經》中說：「每見數年純功不能運化，率皆自為人制，雙重之病未悟耳！」這句話更是讓太極拳習練者誠惶誠恐，試想此病不去，多少年的純功都會打了水漂。

「雙重則滯」這句話的重點在於「滯」字，因為太極本無法，動即是法，滯就是到了死角，不能動了，所以雙重之病，其實是「滯」之病。而且雙重之病這句話之前說的是，「立如平準，活似車輪」。平準就是天平，天平和車輪一樣，是一種比喻，暗示權衡那個「中」的重要。所謂雙重，不過是在平準的比喻上進一步跟進論證，試想如果平準的兩邊一樣重就靜止了嘛，也就是「滯」了。

真正讓人不解的是，如果人們不會從身上去找用於比喻的平準和車輪，為什麼要瘋了心似的要在身體上找到形象上的「雙重」。要找的是「滯」，所以「雙重」同「平準」一樣是一個抽象的比喻，而不是具體的外在表現。我們需要關注的是，如何在動態中一直保持平衡和控制，不使它「滯」住，靠的還是靈敏與覺知。覺知培養出來了，雙重之病也就悟了，悟的，是覺知。

同樣「偏沉則隨」的話，也是在進一步跟進天平的比喻，重量全在天平的一端，當然同樣也是靜止了，滯了，而且是一下子就滯了，失控般的，「隨」說的就是失控。

就像大人和孩子玩蹺蹺板，雖然重量懸殊，但還要能玩得起來，這就是控制，控制到底多快的速度能讓孩子又高興又不嚇到，靠的還是覺知。如果失去控制，大人像石頭一樣，自然也就「偏沉則隨」，從而導致戛然而止的「滯」了。就如我們之前探討「中」的問題，中是在動態中利用不平衡去和諧前一個不平衡，同時肯定造成下一個不平衡，就需要再連續不斷地去進行調整，這就是太極拳的連綿不斷。

九、去除雜念的雜念

無論是研究太極拳還是習練氣功或冥想，靜，彷彿是習練者所面臨的最大困難，而且是越努力求靜越是心煩意亂。於是，習練者把所有靜不下來的原因，歸結為雜念，認為只有去除了雜念，才有靜的可能。

我們已經瞭解，對於一切的困惑與痛苦，唯一的解決就是直面它、瞭解它、看破它。知了，覺了，所有的是是非非也就自然煙消雲散了。對待所謂的雜念，我們需要去做的，同樣是去找到它、面對它、瞭解它。

要瞭解雜念是什麼，首先要知道究竟何為念，又到底為什麼被稱為雜。簡單地說，念是內在的意與外在的形之間的一個橋樑式的環節，或者說意是起心動念的原材料，念又是產生外在具體行動的先決條件。正如我們在心中想一個人，無論這個人在千里萬里之外，只要我們這個想看見的念頭強到一定程度，我們的身體就會立即去買飛機

票，滿足這個念。

　　有道是唸唸相續，可見，念是我們生命中片刻也不能缺少的。無論是人去偷雞摸狗，還是菩薩去普度眾生，即使是大徹大悟之後，只要還需要利用輪迴、藉助身體來完成善舉，就離不開這個念。

　　那麼說到雜念，讓我們以雜草為例，所謂「天地不仁」，對於大自然來講，談不到什麼是雜草什麼是正草，只有到了「天下皆知美之為美」及「天下皆知善之為善」的層面，有了特殊的目的和作用時，出現了比較時，草才有了雜與不雜的區別。麥子出現在了玫瑰園裏，麥子就是雜草，而如果稻田裏出現了荷花，荷花也就成了雜草。所以，說回念，只有與當時具體的作用相吻合的念頭就是正念，與當下的行為不相干的念頭自然就是雜念。

　　如果是這樣的話，那麼我們普通人大部分時間都是在雜念當中的，睡覺時考慮跑步的事、吃飯時糾結減肥與健康、工作時想著如何度假，而且是許多的想法同時交錯地浮現。其實，我們在習練太極拳或做其他功夫的時候，幾乎所有的念頭都是雜念，一會兒想自己動作到底對不對、會不會有效果，一會兒又懷疑自己所習練的內容，想是不是該練點其他的東西，一會兒想看錶，一會兒想喝水，總之沒有一刻只是在坦然地專注於當下的動作及當下的感受。

　　有一個可以作為參考的標準，那就是於當下內外相合的念頭，也就是正念時，是不會給人帶來擾亂和負擔感覺的，它將會以一種趣味盎然的方式表現出來。

那麼面對如此眾多且複雜的雜念，我們又該如何對治呢？仍然是損抑之法。比如在嘈雜混亂的鬧市中，當我們感到內心煩亂時，我們就會把這個不平靜歸咎於外面紛亂的環境。但我們又不可能去讓鬧市中的每一個人都閉嘴，也不可能停止所有人的活動，於是，在我們的心中又會繼續產生更多的煩亂。

　　這時如果我們跳出當時的場景，稍作反思，我們就會想到，即使是在寂靜的深夜，我們也有過同樣的心煩意亂，而同樣在喧嘩的鬧市，我們也會因為一件吸引自己全部注意力的事情而對外界充耳不聞。

　　為什麼在這截然不同的外在環境中，我們會有同樣的感受，或者在相同的外在環境中，我們會有不同的感受？也就是說，原來外面世界的紛亂與我們內心的平靜與否，是沒有必然的、絕對的和真實的因果關係的，外在條件，往往只是我們遷怒的對象和沉睡的理由。

　　我們需要重新整清楚的，到底是雜念影響了我們，還是我們製造了雜念，或者說，我們本身只不過是一個由無數雜念組成的虛幻。

　　所以，這裏我們所說的損抑之法，不是可視數量上的加減，而是向度上的不同，如正為益，則負為損，外為益，則內為損，而我們需要做的，就是以開放和放下的態度向內用功。

　　這個開放的態度就是接受，而不是抗爭，正如端著滿滿一大盆水，我們所有積極正向的努力都只是會使水更加不平靜而潑灑出去。而損抑之法就是向負面用功，不再加

第三章・拳者全之道

105

力不再干涉，甚至是完全停下，完全置身度外，這時，水自然會逐漸平靜下來。

對治所謂的雜念也是同樣的道理，我們不僅是停下來不再對其添加能量，還要逐漸地做到置身度外。所謂旁觀者清，如果我們以主角的身分站在舞台上，其實我們是看不到整個戲劇全部的，相反作為配角或者龍套，則更有機會欣賞到更多的表演，甚至是察覺到舞台上更多的情況。

那麼，如果我們能夠從舞台上退到觀眾席，我們就會對舞台上的一切有更多的察覺。

那麼，如果再進一步，退到觀眾席的最後一排時，我們就會對於全局有更多的瞭解。

如果我們的雜念就像波浪翻滾的大海，那麼，我們任何企圖由拍濤擊浪的努力來達到平靜的方法不僅都無濟於事，而且終究會必然地事與願違。而如果我們能夠不再抗爭，不游泳，只是用接受的態度隨波逐流地漂浮時，一切就會顯得不再那麼困難。

那麼，如果我們能夠再退一步，不再置身於波濤洶湧之中，而是坐在海岸上去觀察這些所有的風起雲湧，所有的浪濤也就變得與我們不再相關。

所謂雜念，不是我們要去對抗並企圖消滅的敵人，而只是舞台上與我們毫不相關的表演，只是我們眼前的浪奔浪流與潮起潮落，只是我們觀察的對象，而且這些所有我們觀察到的，從來沒有也永遠不會去影響我們安靜的內心，和我們本然的存在。無論是修練太極拳還是靜心冥想等，從特定的角度來看，整個的修練過程，其實就是從表

演者到觀眾，從做者到看者的過程。

　　概括性的說，如果所有的修練都是為了達到那個純粹的「知」，那麼所有的修練方式就是由千變萬化的方式和角度去進行「觀照」與「觀察」。這即是佛家的「止觀」，儒家的「自省」，道家的「內景」，也是西方靈修成就者們所強調的「自我觀察」。

十、拳架與套路

　　簡單概括地講，既然世間所有的修練方式都是由「觀照」而培養出「覺知」的狀態，那麼太極拳等內家拳也正是由對於自身的觀察瞭解，而培養出「覺知」，並將這種「覺知」進行延伸，推己及人，知己知彼，對外克敵制勝，於內通達自性。

　　世間所有技藝的訓練都是多方面的及綜合的，以企圖達到面面兼顧的效果，但任何一種單獨的訓練內容又必然是有偏限性的、顧此失彼的，所以，我們很容易對於某個單項訓練的具體內容產生疑問。因為所有的疑問都來自於不瞭解，而不瞭解又直接影響訓練內容所產生的效果，不僅影響效率，甚至會適得其反。所以，對於每項訓練內容做到儘可能深層次的理解，是會達到事半功倍的效果的，當然這種理解也是和實際訓練相輔相成的，也就是說，理解得好就會練得好，而練好了又會進一步促進理解，這就是良性循環。

　　太極拳的訓練內容是非常完備和系統的，而我們平時

見得最多，同時也是產生最大爭議和辯論的，就是太極拳架，也就是太極拳的套路。不僅不同流派的套路在身體要求上不盡相同，甚至互相牴觸，就是同一流派的套路，其風格也是由於師承的原因而千差萬別。

所有這些差別不僅僅反映在某個拳勢以及某個段落之中，甚至就是一起手一開步，也是各有各的規矩，各有各的道理，而且在各自的規矩和道理上又都是據理力爭、互不相容。所有這一切現象，都只會使從學者疑慮叢生且無所適從。甚者，有關套路是否根本就是無用的爭論，更是使習練者的疑慮擴大到了極致，在自己的修練過程中，造成了極大的困擾。

所以，到底為什麼有如此之多的千差萬別，是否能有一個統一的標準，以及最重要的是訓練的目的和效果到底是什麼等問題，也就成了每一個習練者心中的疑問。

要解決所有這些疑問，同樣是要透過瞭解、透過「知」，在瞭解的覺照之下，我們會發現，幾乎所有問題的本身就會轉變成為答案。

我們首先來觀照最尖銳的那個問題，也就是套路是否有用。對於武術套路訓練的種種質疑，已經不用我們在這裏複述，但同樣，要想解決這個疑問，我們還是首先要理解什麼是套路。到底應該如何定義套路？多少動作連在一起就可以算為套路，是兩式還是幾十式？反覆的單操又算不算特殊套路？習慣性形成相對固定的所謂即興表演算不算套路？是否把一個動作重複幾十遍真的就比把幾十個動作重複一遍更高級？

如果我們能夠真的在這些問題上去進行冥想式的思考，我們就會發現，原來這個問題如其他很多問題一樣，都是來自於我們思考方向上的偏差。

如果我們遵循內家拳向內做功的原則，我們就會理解，所謂對於套路的否定，實際上是對於一種固化僵化的否定，而一切固化僵化，只能來自於我們的內心，而無法從外在來進行判斷，也就是說，對於套路的質疑實際上是對於我們固化僵化思考方式的質疑。

所謂套路，就是固化的思維方式和僵化的思想。如果僅僅從外在肢體上去強求一種超越套路的自由，往往更會使頭腦增加無謂的緊張，結果大多是邯鄲學步，效果適得其反。如果套路訓練是為了透過「觀照」肢體來培養「覺知」，那麼重點就不在外在的套路，而在於如何利用套路。換句話說，如果橋是為了讓我們渡過河流，那麼只要能安全高效地達到目的，我們就沒有必要在橋本身上刻意地去裝飾而求新求異。

王薌齋說的話其實非常值得我們思考，他說拳術「不在姿之好壞，不在動作之繁簡」，這個不在，其實就是不予考慮嘛，說白了就是不在這個上面糾結較勁。瞭解了如何利用套路，也就無需再去創造一個新的套路。

就如《論語》，簡單的一萬多字，千百年來，所有的讀書人都在鑽研，而且並沒有人試圖對於這些經典進行增減改動，更沒有人企圖進行標新立異的創造，只是「述而不作，信而好古」地研習實踐。

就這麼一本書，可以說比武術套路還要套路，但用在

內，成就了無數的智者，顯在外，則有半部而治天下的奇效。文字本身沒有意義，但文字所傳達的啟發卻是無限的，武術的套路本身沒有價值，但從中體悟出的天地之理卻是無價的。

當然，不是所有的讀書人都能夠從論語中得到智慧的啟發，也不是所有的習練者都能由過拳架而到達「我獨知人」的「神明」，很明顯，這就是研習者自身的原因了。

武術習練者對於套路這個概念的糾結，反映出人們面對一切具體學問和終極智慧時力不從心的無奈，典型的例子就是八股文的產生以及對於八股文的批判。八股文產生的初衷一定不是要限制人們的創造性或禁錮人們的思想。試想，在一篇文章當中，既要考察學者的文化基礎是否牢固，又要遏制言之無物華麗浮躁的空談，同時還要感受到學者對於人生是否具有打破藩籬的感悟與見地，八股文的產生與逐漸成熟可謂煞費苦心。

吳敬梓在他的《儒林外史》中描述到：「八股文若做得好，隨你做什麼東西，要詩就詩，要賦就賦，都是一鞭一條痕，一摑一掌血。」

但再好的工具，如落在庸才手裏，不僅會產生流弊或適得其反，甚至一定會造成毀滅性的災難。如感冒藥能吃死人，刮鬍刀能割了喉，非要把手雷當煙花放，非正常使用嘛。八股文不是提供了一個簡單的評判標準，彷彿是個人就能坐那給所有的卷子打分，而是設計了一個方便的形式，讓明眼人一下子就能判斷出參試者的半斤八兩，這個明眼人才是關鍵。

將八股文理解為量化考核，就如同讓一個孩子坐在比賽場地裏對著一張表格給張三豐打分。試想，人們自從群情激奮地喊出打倒八股文到現在，從各個時代的各種黨八股到現在的應試教育，我們不過是不斷用新的八股替代舊的八股，而從沒有在合理利用中真正獲益。

做父母的都知道，當一個兩三歲的孩子摔玩具發脾氣時，我們不會真的去研究被摔的玩具到底做錯了什麼，因為瞭解這只不過是遷怒，我們也不會去群情激奮，因為理解兩三歲的孩子就是這樣的心智。

有了這個理解，我們就能有目的地進行訓練，而不再迷茫於沒有必要的糾纏，動作簡單有簡單的好處，可以讓人更容易做到集中，動作複雜有複雜的用處，可以訓練如何將這種集中盡可能地保持和延伸。

明白了所有的訓練手段既然都做不到面面俱到，所以也就沒有高下之分，而面對這些平等的八萬四千法門，如何進行有針對性地選擇，才是一個習練者或者教授者真正面對的問題。此時，既不會執著於哪門哪派，更不會有開宗創拳的愚蠢想法。

佛陀說的好，「我所說法，如筏喻者，法尚應捨，何況非法」。當然，還沒有開始過河，自然談不到捨，但用功的重點要始終明白，而不要執著於旁枝末節。

坦然地超越了套路這個概念，我們再來看看讓我們感到無所適從的多樣的形式與風格。世上沒有相同的兩片樹葉，人也不可能再次踏入同一條河流。整體是如此具有創造力，以致於世上的每一個個體都展現著自己的獨一無

二。萬有一切都處在恆常的運動之中,所以每一個片刻都在揭示著其不可複製。這也就是孔子所說的「逝者如斯」。瞭解了這個道理之後,我們自然也就對於世間瞬息萬變的眼花繚亂不再感到困惑與無奈,而是坦然地接受。

同樣,雖然每一個人都擁有共同的天地稟賦,但每一個人外在的展現卻是絕對的獨一無二。這種獨一無二體現在人在世間的一切表現當中,同一首詩,不會有兩個人完全相同的吟誦,同一首曲,也不會有兩個人一模一樣的演繹。如果正如李小龍所說,武術是展現和表達自我的方式,那麼自然也就具有同樣的多樣性。

所以說,武術的展現是不可能有統一的標準和風格的,太極拳也是同樣的道理。這個世界上只能有一個陳長興、也只能有一個楊露禪,所以,對於同樣的陰陽太極之理用肢體進行闡述和表達時,竟然會產生風格如此迥異的差別。可以說,每一個拳法的成就者,都是成就了自己的風格,也只有成就了自己的風格,才是成就了拳。所以說條條大路通羅馬,只要能達到最後的那個同歸,無論怎樣的殊途都是可以理解和接受的。

如前所說,太極拳拳架的訓練是透過「觀照」自己來培養出「覺知」,那麼在我們選擇一種風格之後,所有的重點就應該是如何高效地利用拳架這個工具,儘可能地「觀照」,最大化地「覺知」。

拳架和套路只是工具,如果沒有從中獲得我們期望獲得的,就是所謂的練「空架子」了,就有如每天擦拭碗筷,卻從來沒有吃過飯。說得通透一些,拳術中的各種訓

練無非是「黃葉止兒啼」，給個特殊的玩意或者說給個理由讓我們能夠靜下來且集中起來。

畢竟，如果能真正地做到了了分明時，就已經不需要任何工具，而在日用之間就能不即不離、無有斷續地體會到這個「知」的常在。

然而，不積跬步，無以至千里，不積小流，無以成江海，無論見地多麼高遠，我們還是要腳踏實地地進行實際修練。之前我們已經初步探討過，在行拳走架的過程中，我們所訓練的就是對於四肢百骸每一塊肌肉每一個關節所處的自然合理位置的瞭解，以及觀察這些所有細節在運動過程中的每一個相應變化，以致於在運動過程中每個片刻的呼吸、心跳、氣血流動以及心理上的變化。在具體操作中，從預備式開始就要引導自己進入這樣的狀態。

有人說預備式及起式等動作很有儀式化的趨向，中國武術訓練中儀式化的形式就是要提醒自己，從這一刻開始，要準備集中一切精神意念開始訓練關注。但如果失去了這個目的作為核心，儀式化就會因為失去了靈魂而變成繁文縟節，甚至變得愚蠢。

從訓練過程開始之初的預備式，我們就要以不同於日常渾渾噩噩的如夢裏霧裏的狀態，而使自己逐漸平靜下來，清晰下來，彷彿我們第一次感覺到自己竟然站在了天地之間，第一次感受到這個於天地之間的存在是怎樣的一個奇蹟。就在這一刻，我們開始瞭解了自己肢體的存在，而且透過不斷地放鬆而在頭腦中形成越來越清晰的景象。隨著身體的放鬆，我們漸漸感覺到了自己的呼吸，感受到

就如同自然界的風催動氣候的變化一樣，推動著我們氣血的周流，感受在這氣血周流之中又是如何交匯著我們無數有用與無用的、大大小小的想法與念頭。

當一切漸漸地清晰，我們也就逐漸進入了存在的真實，這時我們就可以開始拳架的動作，哪怕只是一個簡單的手臂緩緩輕舉，我們同樣要去感受在肢體相對靜止時所關注的所有的細節，感受所有這一切在運動中相應的變化，以及無論怎樣變化都沒有受到影響的那個了了分明的覺知。無論哪一家哪一式的拳架，你都可以用這樣的方式去練習，這樣去練習，自然也就不會快、不會慌，也就自然形成了行雲流水般的流暢。

這種訓練是由粗而細、從細到精、由精轉微的無限細化的過程，所謂「練精化氣、練氣化神、練神還虛」，就是這個無限細化過程的比喻。就像一個藝術品的創作，精益求精，正所謂，「如切如磋，如琢如磨」。記得一個廣告語說過，「智慧的道路永無止境」。

第四章・纏縛疑情伴

全世界任何一個武術種類都能夠非常客觀正常地對待比賽和實戰中輸贏的時候，只有中國的武術還在執著於「未嘗一負」。這是多麼荒謬可笑的四個字，但我們就真的在用荒謬可笑來包裝著自己的前輩和拳種。這是一個不知好歹的年代。

一、練用異同

　　研習一項技藝，似與有緣人相識相伴，如父母子女、兄弟姐妹、兄弟同僚或戀人夫妻。初見因種種機緣而怦然動心，相處時由事無鉅細而摩擦不斷，如不能全心體認，自省推人，多半會始愛終仇，半途而廢，望人生圓滿之洋而興無奈之嘆。

　　須知事無鉅細的摩擦才是生活的真實體現，只有抓住每一個機緣，才能由管而窺全，在了然中接受，在接受中坦然。而其中最大的要點，無非是制心一處、不棄不離的堅忍。

　　中國武術的獨特來自於中國傳統文化的獨特，也正是這種文化的獨特性，決定了以太極拳為代表的中國武術無法替代的存在意義。然而，當一種特立獨行無法被人們真正理解和接受時，便很容易被定義為不適應時代而遭到質疑、反對，甚至是拋棄。

　　我們最常聽到的一種論點就是，就技擊性來說，中國武術的練與用是不同的兩套系統，根據這種說法，任何一種特定的拳術，都分為練法和用法或稱打法，太極拳當然也不例外。於是，某些習拳者在競技或搏鬥中的失敗，就被總結為將練法當成了打法。但對於練法和用法的區別到底在哪裏，而且這種區別的必要性又在哪裏，卻始終沒有

令人滿意的說法。

其實，要看清楚這個問題並不複雜，首先我們要瞭解我們所追求的打法到底需要什麼樣的技術支撐，然後去看我們在練法中又如何能夠儘快地獲得這種支撐。

在之前的討論中我們已經有所瞭解，就是以太極拳為代表的中國內家武術是不強調以招法勝人的。而是以感覺的敏銳、以勁力的運用及原則原理來勝人。換句話說，是依靠「人不知我，我獨知人」的「知己知彼」，才保證了最終的「百戰不殆」。那麼，太極拳在訓練中也自然是以「由招熟而漸悟懂勁，由懂勁而階及神明」為訓練核心，培養這種「知」的形成與運用。

由此可見，太極拳及所有內家拳訓練的目的與技擊時的需要是毫不矛盾且完全吻合的，也就是說，所謂的太極拳練用體系不同的論點，只是因為無法看到之間的緊密聯繫而產生的。

雖然說無論是拳擊比賽、散打比賽還是ＵＦＣ比賽，都無法完全真實地反映出生死搏鬥時的技術運用，但我們很容易發現一個令人產生直接困惑的現象，就是全世界無論是學習哪種別開生面的拳術，或皈依在哪個風格特異的門派中的選手，一旦上了擂台，幾乎都是一種預備式，打起來幾乎都是幾種相同的技術。

和這幾乎相同的預備式和屈指可數的幾個技術動作形成鮮明對比的是，太極拳那些看上去跟這些實戰場景毫不相干的複雜動作，彷彿在拳架中的任何姿勢都永遠不會完美地出現在擂台之上，那麼從這種毫不相干當中又如何能

談到聯繫呢？

　　首先，我們把太極拳拳架的表演欣賞與藝術陶冶的成分分離出來，單單從技擊的角度來分析拳架與搏鬥之間的聯繫。我們之前已經簡略地討論過太極拳訓練中的「慢」「鬆」和「靜」，也瞭解了所有這些訓練原則都是用來幫助我們培養出覺知，並發揮出生命中潛在的能力，而對於覺知能力培養的最有效手段就是放大，把運動中的每一個稍縱即逝的片刻都進行放大，放大到我們可以清清楚楚地對當時的情況進行觀察，放大到我們可以對於那個片刻的自我感受了了分明，放大到使我們的潛意識能夠接受到最深刻的印記，並由這種放大最終使我們由觀照而獲得的覺知，完全成為我們自己的存在狀態。

　　放大，必然會將我們在日常生活狀態中從沒注意到過、也無法注意到的細節逐漸顯露出來。比如在普通狀態下我們會很自然地將別人推過來的手撥開，看起來這只是一個非常快速簡單的動作，但當我們要瞭解在這種情況當中別人過來的手是什麼狀態，我們的手又如何與對方產生了接觸，在整個撥擋的過程當中我們的肢體甚至心理都有哪些相應的變化時，就需要將整個過程像高速攝影一樣放大複製出來，這種放大與複製在拳架中最終就會形成「懶紮衣」或是「雲手」等拳勢。

　　我們在很多科教紀錄片當中都看到過這種被我們稱之為「慢鏡頭」的高速攝影，在這其中我們發現，這種狀態下所看到情況，竟然與我們現實生活中的感受有如此大的差異，很多時候這種差異甚至會給人一種無法將兩者聯繫

在一起的錯覺。

太極拳中的慢練雖然與高速攝影的科學觀察態度同出一轍，但卻仍然存在著一個最大的不同。高速攝影中的慢是鏡頭中所有的東西都被放慢放大了，所以奔跑的馬會以極慢的速度展現出四腳騰空的狀態。

太極拳的慢只是放慢了自己，而周圍還是在正常的速度中運轉，所以，我們無法將騰空這樣的極端動作也如實地放慢下來。於是，在利弊權衡當中，我們必須保證有一個相對穩固的基礎，來方便我們進行高效的、深刻的、無微不至的觀察體驗，於是，在拳架的運動當中就出現了在實戰中很難出現的弓、馬、虛、仆、歇等一系列相對靜止的步型，以及在拳架動作轉換中時時出現的獨立步、交錯步、跪步等也是同樣的道理。

所以，太極拳以及其他武術套路之所以與國際上其他的搏擊術有如此大的風格差異，拋開文化內涵而單純從外在來分析，其中最大的差異，就是這種從表面看上去相對靜止或者說相對不靈活步法的差異。

而且中國武術是以其文化的整體觀作為基礎的，所以哪怕僅僅是對於一隻手的某個部位的動作和感覺進行放大，那麼為了達到整體的平衡，身體其他部分無論是頭肩肘手胯膝足，還是手勢步型都要進行相應的擴大，而這種放大必然造成外表上與日常狀態的明顯差異。

另外，從實用的角度出發，這種整體觀也使太極拳的訓練同樣也是包含了踢打摔拿、遠距近身所有的內容，在套路中很多看上去無法理解的手法，以及表面上相對不靈

活的步法，也往往正是別家所忽略的近身短打或者摔拿之法的獨特內容。

　　還有更重要的一點是，中國傳統文化的「予漁不予魚」的教育思想，強調是傳承形而上的原則與原理，而非單獨術業的專攻。因為掌握了這個原理，對於任何具體的專業來說，都是掌握了竅門，剩下的只是在具體操作上再下工夫。這種思想直接指導了太極拳的訓練，使其將訓練重心從你來我往的具體招法上，轉移到了敏感與覺知的層面。這裏並不是說招法訓練毫無必要，而是說在訓練中要瞭解主次與輕重。任何學問的訓練，都要在抓住主要內容的同時，再逐漸經由不斷地增減和調整其他的訓練內容而使效果漸漸趨於完整。

　　試用八卦掌舉例，無論誰也無法僅僅由八卦掌的表面形式，將其訓練與搏擊實戰聯繫在一起。不怕犯眾地實話實說，在實戰中，誰敢圍著對手按照套路中那麼繞圈，只要對手不是處於極不靈活的殘疾狀態，繞圈的肯定是輸定了。我們不否定八卦掌技術在搏擊中，也許會出現完全複製套路動作的特例，或是繞到對手背後的形式，但八卦掌走轉的核心目的，絕非只是靠這種繞圈的步法贏人。

　　首先，讓我們來分析一下八卦掌的走轉，在走轉的過程中，一直一扣的兩腳實際上是在兩個方向邁出了直線，而為了保持面對圓心的狀態，全身上下都要做出相應的細微調整，所以說，八卦掌的圈不是用腳邁出來的，而是由全身的相應調整，形成了整個身體在空氣中的滾動。就是八卦掌的這一直一扣，卻真正高效地設計出了一個一動無

有不動的訓練形式。

　　就在這個看上去極簡單，但身體運動卻極複雜的動作中，無論從完成技術動作還是體會動作變化方面，都需要高度的精神集中，更需要能夠體察細微的敏感，從而在這個看似簡單的動作中，既形成了肢體的完美協調能力，更培養出了高度的覺知力。

　　獲得了這個知，其運用則隨心所欲，在實戰搏擊中絕不會是固執呆板地轉圈。劉德寬的直趟，誰都承認是八卦掌，因為他真的做到了超越了那個圈。

　　簡言之，中國武術一定是以技擊應用為基本，但是卻超越了技擊應用，而延伸到了更廣大的空間領域。

　　所以，既然我們所追求的是一種對於外在形式的超越，那麼就一定要透過所有的外在表象看到事物內在的本質，並最終觀察到內外之間所有的聯繫。

　　還有，所謂超越不是顧此捨彼，也不是昨非今是，而是一種包容與涵蓋，在自己的覺知範圍不斷地擴大中，自然對於所涵蓋的東西都有深刻的理解，因為「今是」所以更能夠理解在昨天條件下的「昨也是」。只有境界高的能向下兼容，而境界低的則絕對無法向上通用，這也就是「人不知我，我獨知人」的意境。

二、站樁站什麼

　　除了拳架訓練，在中國的拳術系統中另一個備受關注，同時也是頗具爭議與分歧的訓練手段，就是站樁。有

道是「百練不如一站」「欲知拳精髓，首由站樁起」，既說明了站樁的重要性，同時也給站樁披上了一層神祕的面紗。神祕感同樣是來自於不瞭解，不瞭解就會產生侷限性的見解和態度，於是也就出現了站樁與套路的互相牴觸，以及動練與靜練的主次之爭。

太極拳有「一切都從一套拳架中求得」之說，形意拳則強調樁架一體的單操，八卦掌也有「百練不如一走」「走為上策」的言論，而意拳則說「僅此一站，妙用無窮」。這些種種略顯誇張和絕對的描述的的確確給習練者造成不小的困惑，以致於無所適從。

暫且將這些稍顯絕對的言論視為是對於習練者矯枉過正的激勵，使其在習練過程中避免因三心二意而最終一無所獲。但事實上，更加容易使習練者對於訓練手段產生堅定不移信念的，是對於訓練內容的深刻理解。

其實，我們之前對於太極拳套路，也就是拳架的分析，同樣也會對理解站樁的內涵有所幫助。如果說拳架與單操是為了透過把運動與對抗中的細節進行放大，從而培養出那份敏感與覺知，那麼，站樁也一定是有著同樣的目的。

從這個角度來分析，我們就可以看到，站樁其實是拳架慢練的極端行為，也就是說，當將一個運動的細節放大放慢到一個極端時，也就趨於了靜止。當在緩慢的速度中仍然無法抓住其中的關鍵，或者說緩慢的速度仍然無法讓我們感受到運動中的細節時，我們就採取在某個特定的拳式上靜止的手段，以求更加集中精神地對於四肢百骸和心

理狀態進行觀察與感知，最大化地發掘出「意」的潛能，而這意的潛能，就是覺知。

使姿勢相對靜止是為了便於觀察，但被觀察的內容卻絲毫沒有減少，所以需要我們在練習中，像對待其他訓練方法一樣給予重視。即使是去觀察這個靜止的身體，也有許多方法上的竅門，如姚宗勳先生設計出的對所謂渾元力所進行的分解性訓練。

所謂渾元力，也就是對於身體內外各個向度上全息的感知。經過簡化分解，可以讓習練者根據自身的情況進行再調整，先去觀察感受在相對平衡的狀態中，身體前後的感覺，或者是上下，或者是左右，然後再不斷地進行多種組合，最終達到上下左右前後六面，都具有無微不至的感知。六面，是大方向的代表，其實，作為渾元的狀態，何止六面，其感知的方向本應是立體的、全息的、無限的。

無論動的拳架還是靜的站樁，其共同的目的都是透過觀察自己來培養覺知，那麼所謂的下工夫，也就是如何去高效地、正確地觀察和觀照。

不僅是拳術，無論是佛家的止觀參悟、道家的內丹修練、儒家的正心自省還是世界其他宗教的祈禱冥想，無非都是在修練過程中，在這個不即不離、勿助勿忘的觀照狀態上下工夫。即了助了，也就是真鑽進去了，不僅容易產生執著，所謂當局者迷，更易努氣使力，適得其反。離了忘了，則易使信心不堅，生出怠懈，甚至前功盡棄。

我們都聽說過很多有關站樁過程中的「筋骨訓練」的論述。由於任何一個詞彙都會在我們的頭腦中創造出特定

的形象，所以，我們很容易認為諸如「筋骨訓練」等一系列的描述，都是說明我們需要在站樁的過程中，附加額外的某種我們不知道的訓練形式和內容。總感覺某些新鮮的字眼在試圖告訴或暗示我們，需要在已經擁有的一大桌根本消化不了的各色菜餚之外，再偷偷加一兩道別人和自己都不認識的東西，所謂馬無夜草不肥。

　　就以這個「筋骨訓練」來說，我們不是要去爭辯或否定其他的論述，而是希望由多角度的感受體驗，能夠對問題有更深刻的理解。從觀照與覺知的核心出發，對身體某個具體部位的訓練，其實就是對這個特定部分給予更多更專門的關注，僅此而已。

　　如作為有多個孩子的父母，很容易會對其中的一個更加疼愛或者說偏心眼兒，小時候會給予更多的照顧，長大後則會給予更多的支持和幫助。做父母的其實並沒有刻意地去做所有的這些看上去偏心的事，所有的偏心不過是出於對這個孩子特別的關注，時刻都是想著惦記著。

　　同樣，一個男人之所以會只對某一個女人大獻殷勤，開門讓座送花送禮，無非也是出自於一種特別的關注。

　　既然站樁就是利用相對靜止的狀態，最大化去觀照感受我們四肢百骸之間，以及身體與外界之間的關係，「筋骨訓練」無非就是把觀照的注意力更多地放到「筋骨」之上。比如，當我們去支撐、去維持一個樁架時，之前我們也許會更多地關注肌肉的鬆緊變化，那麼隨著覺知的敏感性不斷加強，我們就會將關注不斷深入，於是，我們就開始去感受骨骼在站樁這個靜態支撐中的狀態。

我們會在意念誘導中，完全放棄肌肉的作用，而只是通過筋與骨骼來做到間架的支撐，進而只是利用筋與骨骼的運動來完成肢體的位移。這時，我們自然就是在進行「筋骨訓練」，而實際上我們仍然是由對於筋骨的觀察在培養覺知。《大學》中說，「其所厚者薄，其所薄者厚，未之有也」，講的就是這種特別的關注。

　　西方的大部分民居都是木結構的，無論是紅磚黑瓦還是黃磚紅瓦，其實核心就是一個木頭架子。看洋人蓋房子，就像搭積木，地上戳幾個木樁放上木板就是地板，然後就開始在地板上用木條釘出整個房子的結構，廚房、臥室、洗澡間，五臟俱全，看上去很萌很卡通。木條上面鋪瓦是房頂，裏面的木條上帖石膏板就是內牆，外面砌一層單薄的磚，就形成了外牆，整個房子其實就是以幾根木樁為地基，用木條支起來的一個模型。

　　所以，這時才理解了為什麼小時候新聞裏說洋人搬家搬走了整棟房子，這在當時以地基、山牆、上大樑的思維方式是怎麼也不可能感同身受的。

　　據說這種木結構的房子在發生地震時，其安全係數很高。因為木條是有彈性的，木條框架的搖擺振動會直接將外牆的磚和屋頂的瓦片朝四外彈射，而不是壓向內部。另外，木條除了能夠彼此支撐出逃生的空間，即使砸在身上，也比磚頭水泥的傷害小好多。看來居安思危的習氣確是人與生俱來的。

　　木結構房屋可以為筋骨訓練這個概念提供一個很形象的啟發。我們從外在看到的磚瓦，表面看上去堅固無比，

但真正起到支撐作用並在應急反應中產生彈力的，其實是內在的木製框架。

其實這些所謂的洋房，在中國上古時期「巢」和「穴」出現的時候就已經有了雛形，並在之後的歷史發展中不斷成熟，直至登峰造極。據《洛陽伽藍記》中記載，「寺中有九層浮圖一所，架木為之，舉高九十丈，有剎，復高十丈，合去地一千尺，去京師百里已遙見之」。其所描述的，就是北魏熙平年間建造的洛陽永寧寺塔。

觀察一些中國古代木結構建築，會發現有的外牆的磚實際上並沒有接觸到屋頂，筋骨之作用令人感觸良多。而且，在中國古代木結構中，斗栱的使用和構件間連接的榫卯構造是十分獨特精巧的，說白了，就是木結構之間的連接非常科學巧妙，以使整個框架最大地發揮出力學作用，整個建築經千年的風雨地震等衝擊而屹立不倒。而這些連接，不是正好能夠使我們聯想到人體的各個關節樞紐嗎，如何發揮骨骼支持，以及關節樞紐的力量傳導與轉換，也是拳學的重要內容之一。

除了這些技術性的啟發之外，更重要的是透過表面現象看到內在的素質，這個就是覺知，也是拳術訓練的真正核心所在。所以說，所謂「筋骨訓練」相對於肌肉來說，是一個更加深化的感受，那麼隨著感受不斷深化，我們自然會進入「氣血訓練」以至「意念訓練」。無論如何描述表達，實質都是我們的覺知在不斷成長，使我們的感知能力越來越細膩，感知範圍越來越深，越來越廣。

站樁也好，拳架也罷，既需要關注細節，更重要的是

具備一個整體的認識，因為無論我們將訓練分解成多麼詳細的不同部分，其目的總是為了最終的整合。無論「易骨易筋」、還是「洗髓化氣」，說法繽紛繚亂，歸根結底要達到內外完美協調的一體。

整體意識說起來很簡單，但能夠真正找到整體的感覺並且能夠維持住，卻是所有內家拳訓練中最艱難的課題。對於整體感的追求來自於理解和見地，見地的高低又決定於悟性與人本身的氣度與境界，在所有技藝中，大家與工匠之間的差距，其實不過是氣度與意境的差距。

再用形意拳的三體勢樁功做個例子。「萬法出於三體勢」，所有習練者都從這句話中感覺到了三體勢的重要，卻大多對於為什麼這麼重要莫衷一是。三體勢到底是什麼？為什麼萬法會出於三體勢？又怎麼站才能出了萬法？說到三體勢是什麼，每個練家的頭腦中都會出現那個上身挺拔、兩腿微屈、重心前三後七、前手平伸、後手按在腹前的姿勢，當然，根據不同的流派和風格會有細微的不同，但大同小異。

如果說三體勢就是這樣一個姿勢的話，是很難不引起真實的習練者在心中產生出種種疑問的。不說眾多的愛好者，就是寥寥可數的那些有成就的大家，每個人三體勢在外形上都存在著或大或小的差異，從中可以得到的結論就是，三體勢不是一個固定的、具有量化標準的姿勢。更何況，其他很多優秀的拳種都沒有這個姿勢，但也成就了很多自己的大家，就更說明作為一個固定姿勢概念的三體勢是不具備「出萬法」的唯一性和絕對性的。

如果三體勢不是指一個固定的姿勢，那又是什麼？三體勢就是「仁」，如前所說，「仁」字是一個人站立在天地之間，代表的是人與天地的關係，表達的是天人合一的境界，而三體勢的「三」就是天、地、人。三體勢追求的正是這個終極的和諧，而這個和諧的運用就是天、地、人之間「勢」的轉換，是名三體勢。三體勢訓練的目的無非也就是讓自己的四肢百骸彼此建立協調的聯繫，使自己的身心達到終極的統一。一定有很多人認為這樣的論述不具備操作性，但事實是，形成正確深刻的理解和見地，正是具體操作中的重中之重。

雖然說「有形有意皆是假」，雖然說「全憑心意用功夫」，雖然我們稱自己為「內家拳」，但我們還是習慣把看得見摸得著的東西算作具體操作，還是糾結在肢體的層面來追究如何才能夠使訓練有效，能真的出了萬法。

很多人認為，祕密就藏在三體勢的外在姿勢裏，全身心的探究三體勢中各個關節的角度到底是多少。不止一位名家跟大家交流過這方面研究的心得，而且在比較對照了眾多前輩拳照之後，真的得出了自己的最佳角度的數據。這種研究態度的確值得欽佩，但研究方向無疑是緣木求魚、刻舟求劍。

試想動態的平衡與整體的和諧怎麼可能由死板固執的方式來瞭解與達到，調侃地說，與其想尋求出腿部的具體彎曲角度，倒不如想想對手揪拽我們的脖領並企圖將我們摔倒時，我們的雙腿是怎樣彎曲的，同時還要考慮一點，對手揪拽的力量和方向是根據情況不斷變化的。

前手也好，後腳也罷，站樁的目的不是要將其擺在特定的位置，而是要關注無論任何一個細節，如前手的位置發生變化，全身的其他所有內外細節，又該如何做出相應的恰當的調整，最重要的是，無論任何一個肢體固定在哪裏還是做出調整，心中都要了了分明。

自知不易，就用固定動作為例，當我們站三體勢認為自己的前手已經和胸齊的時候，如果照一下鏡子，也許會發現其實手在嘴的位置。這個現象說明的是我們內心、頭腦與外在肢體之間的不聯繫造成了各方面的誤差，既然真是失之毫釐，謬之千里，那我們的內外不一所引起的謬，應該已經是不可想像的地步了。

關於站樁的身體要求，很多著述已經講解得非常詳細，但一言以蔽之，還是王薌齋說的好，舒適得力。

站樁的形式看上去簡單，但其所包含的內涵卻和複雜的拳架是一樣的。因為無論是走架還是站樁，我們都不能僅是在肢體的層面做功。既然叫作內家拳，也就是要對內在的瞭解體會，同時配合外在的動作，由內而外，從而達成最終完整的認知。那麼在內外的臨界點，就如站在生與死的邊緣，面對另一向度的未知，一切世間的知識與經驗都失去了優勢。所以，站樁與走架行功在覺知的培養方面所面臨的未知是一樣的，所在的基礎也是毫無分別的。所以說，是法平等，無有高下。

能夠時刻保持目的的明確清晰，做到不忘不迷不丟，也就會相對容易地對於不同的訓練形式產生理解，這個理解又會直接使訓練的效率大幅度提高。比如站樁是要我們

在盡量少的外部負擔與干擾的情況下，更加容易地做到集中精神，去觀察身體的每一個細節。而形意拳等的單操形式，就是要我們不斷地在一個動作、一個景象的重現中，去不斷感受我們上一次的重現中沒有觀察到的現象。

太極拳等綿綿不斷的套路，則是要訓練我們如何在相當複雜而且長時間的變化中，維持那個集中精神的狀態，保持對自己不即不離的觀察。

但我們之所以說，沒有一個絕對的訓練方法可以給予你成就的保障，並不是站樁或走架等方法的問題，而是我們自身的問題。比如，我們人體對任何一種藥物都會形成抗藥性，就算是毒品，吸食者也是日漸趨於攝入更大的劑量，尋找更高的純度，採取越來越快速的攝入形式，其原因就是我們的抗藥性。

在我們生命中，無論任何的刺激形式，無論在一開始給予我們多麼大的影響，也會隨著時間產生慣性，而逐漸失去影響力。所以，我們會不斷地增加吸菸量，我們會無限制地酗酒，我們會在不同的異性間尋找刺激，我們會吸毒，我們會毀滅自己。

我們的覺知習慣於沉睡，習慣於被無明所遮蓋，它不喜歡被打擾。所以我們要經常透過一點刺激來驚動它，但只要沒有到達叫醒它的程度，它就會再次沉睡。即使是槍炮齊鳴的嘈雜，它也會利用無明的遮蔽將其轉換為催眠的背景音樂。所以老子說，「道可道，非常道」，從特定角度理解，第二個「道」字，是取法的意思，意為用特定的、固定的方法。

真正地覺知體驗到道，或說大徹大悟，任何特定的、固有的方法與模式都沒有一定的保障。

真正的鍥而不捨，不是侷限於在一種特定形式上下工夫，而是要在一個明確的目的上下工夫，向著一個明確的方向鍥而不捨。如果我們把未知比喻成一個巨大的球體，我們也許可以由一個點就進入其內在，但當在這個點上的用功已然因為我們麻木而失去了作用，我們就要儘可能多地走遍所有的表面，做更多的嘗試。所以有很多時候，我們需要經常地變換一下方法，變換一下刺激，變換一下叫醒覺知的方式。

所以站樁也好、打坐也罷，盤架也好、走轉也罷，只有我們把握住這個喚醒覺知的原則，也就不會囿於特定的形式，而做到「萬變不理其宗」。只要我們不忘掉自己的目標，不執著於外在形式，不迷失在多角度多樣性的嘗試裏，所有的方法都可以為我們所用。動也好、靜也罷，都不是我們的目的，因為我們是要透過動靜之際與行止之間而窺見真理、回歸整體。世界本是動靜一如的。

三、推手推什麼

在許多太極拳的經典論述中都有一個共同的認知，那就是，拳架是知己功夫，而推手是知人的功夫，同時也一再強調推手是用來培養所謂「聽勁兒」的能力，從而達到「人不知我，我獨知人」的「階及神明」的覺知狀態。

由此可以得知，推手的訓練就是將觀察自身所獲得的

敏感向外延伸，推己及人，以求像瞭解自己肢體百骸之間的關係一樣，瞭解與外界對手之間的關係。

就武術的技擊作用來講，推手既是通向最終的、真實的散手格鬥的必要途徑，同時本身也包含了一些處理貼身糾纏的格鬥技術。推手既可以作為透過彼此配合來熟練掌握散手技術的一種訓練手段，又同時可以作為儘量減少傷害的一種民間切磋交流的方式。但說句題外話，透過實踐我們得到一個結論，就是推手無法成為一個透過輸贏來判斷太極拳水準高低的正式比賽。因為推手並非是太極拳技擊的全貌，更不是最終的、唯一的形式，而且如果簡單地以是否被摔到作為評判標準，參賽者就會忽略太極拳的原理與原則，及無利於太極拳的研究，也達不到真正訓練全面的太極拳實戰能力的效果。

有關太極推手或其他武術推手的技術論述，有很多專家高手都已經做過很多詳細的分析講解，更懶得用「掤、攦、擠、按」的牙慧惹大家反感。所以我們在這裏主要探討一下由推手的學習和研究，為我們揭示其內在的文化內涵以及啟迪智慧的感悟。

推手實際上仍然是在訓練中利用了放大和放慢的原理，因為這是一個掌握世間一切技藝的不二法門。由放大來發現所有的細節與局部，由放慢來強化和加深處理這些細節與局部關係的正確反應。

比如，在真實的格鬥中，我們與對手的肢體一定會產生很多接觸，而因為這些接觸對於我們普通人來說都是隨機的轉瞬即逝，所以我們也就很難利用，甚至根本無法察

覺這些短暫的接觸，以致於只能由賭博式的渾拼亂打來僥倖取勝。推手就是要將這些非常短暫的接觸進行放大，因為這個世界上沒有直線運動的物體，所以放大後的無數個點，自然也就形成為圈，並表現為連綿不斷的打輪。這個輪給習練者創造了一個觀察和體會的機會，使我們能夠瞭解雙方肢體在接觸後實際都發生了些什麼。

在放大放慢的情況下，我們就可以逐漸感受到，僅僅透過這麼一兩個接觸點，我們就可以從中獲得最大的訊息量，察覺到對方力量的大小、力量的方向、力量的變化，甚至是在彼此接觸時的心理變化等。在這種慢速中，我們也才有機會將對於不同大小、不同方向、不同變化力量的正確處理深化在心裏，融入血液。

由所有的訓練實踐會發現，我們所觀察到和瞭解的一切，全部是關係。其中包括，自身四肢百骸之間的關係、與對手接觸之間瞬息萬變的關係，以及我們與外在環境與自然與天地之間的關係。從推手訓練的角度來理解拳法，則可以說，拳者權也，衡量之義也。其實際意義無非是對於人我之間的關係達到明晰的瞭解，度來勢之機會，揣對手之短長，從而做到得其環中，以應無窮。

在生活中我們也會經常聽到調侃的說法，說某人擅長推手，倒不是說真是太極高手，而是說此君可以遊刃有餘於錯綜複雜的關係之中。

其實不僅僅是太極拳，一切世間法及出世間法的重點，無非都是如何瞭解和利用這個關係。世界中的萬物本無自性，一切有形的顯現都有如各種關係碰撞交集出的火

花，轉瞬即逝。而當人們對於所有這些幻象生出妄念，無法接受種種幻象在關係中的成住壞空時，產生出的無明的執著，也就是一切痛苦的根源。

佛陀用十二因緣揭示了人本身這個幻象的流轉過程，同時也揭示了世間一切也都是遵循著這個彼此牽連的關係。孔子則強調一種「未知生，焉知死」的平實態度，要人從生活中去觀察體會，透過對於孝悌、夫婦、朋友、君臣等之間的各種關係的體會，而最終通曉天人合一的道理。老子說得更簡單，「道生一，一生二，二生三，三生萬物」，也是揭示了萬物表象之後彼此互相影響的緊密的網。對於這個關係，易經則總結得更加具有現代科學的風範，將一切事物彼此之間的關係和運動軌跡完全去個性化，僅僅用一長一短的兩條線，用一陰一陽來總結出了宇宙間一切運作的模式。

道理至簡，而其變化卻錯綜複雜，其最終表象則令人困惑而無從追溯。如果我們能夠從這些複雜的旁枝末節逆流而上，從潮起潮落的表面深潛而下，最終回到那個一分為二的開端，自然也就是回歸了源頭與整體，也就明瞭因果，覺悟了自己。

殊途同歸，西方在外向型的探索中也逐漸形成了萬物彼此相聯繫的整體觀。其中我們最為熟悉的就是所謂的「蝴蝶效應」。簡單的表述就是，「一個蝴蝶在巴西輕拍翅膀，可以導致一個月後德克薩斯州的一場龍捲風」。一個偶然的對於氣象數據的研究，在適當的時機也會引發出我們對於整體的思考。

西方還有一個傳統的民謠，「丟失一個釘子，壞了一隻蹄鐵；壞了一隻蹄鐵，折了一匹戰馬；折了一匹戰馬，傷了一位騎士；傷了一位騎士，輸了一場戰鬥；輸了一場戰鬥，亡了一個帝國」。馬蹄鐵上一個釘子是否會丟失，本是初始條件十分微小的變化，但其結果卻是一個帝國的存亡。這與《淮南子》中所講述的「塞翁失馬，焉知禍福」的故事其實都傳達了同一種啟發。那就是，我們平時觀察分析所有問題的方式太過單一、膚淺和片面了。我們的這種單一、膚淺與片面只會讓我們繼續渾渾噩噩地虛耗生命，是對於我們自己生命的極不負責。我們只有透過每時每刻的生活，深刻體會和感悟生命中的每一個關係，並覺知到所有片面之間的聯繫，才有可能真正地使我們及我們的生命發生質的改變。

　　這質的改變會直接改變我們對於生命的態度，所以會有「凡人畏果，聖人畏因」。能夠看到整體關係與個中關係的聖人，自然謹言慎行，自然能夠掌控自己的命運，而我們普通人也只能採取博弈的生活方式，不見棺材不落淚。推手如是，太極拳如是。

　　孔子說過一句話，「人而不仁，如禮何？人而不仁，如樂何？」之前我們曾經探討過，這個「仁」從字的結構去體會，其表示的就是人與天地萬物之間的關係，一個人，立在天地之間。所謂「仁者」也就是洞徹通達這種關係，坦然與和諧於世間的覺悟者。禮，是無形的天地之理在現實生活中的有形體現，仁為內，禮為外，或者說禮是仁的表層體現。而樂，本應是人面對天地自然因震撼而臣

服而接受而自發的感恩之聲，是人類對於天地和諧的一種回饋式表達。

從中我們也可以理解任何時代的流行音樂與巴赫、莫扎特等音樂的本質不同，一種是還糾結在世間恩怨愛慾情仇動盪之中，一種是已然超越具象而直接用聲音來演繹天地的和諧，並同時向這種和諧致敬。

人如果真正通過體驗看破了事物的表象，看清了其中的彼此關係，更重要的是看清了自己的位置，自然也就成就了「仁」，那麼這時人所有的外在表現一定是自然地合於規矩，也就是孔子自己說的，「從心所欲，不踰矩」。不過他老人家是到了七十歲才到了這個境界，那可是聖人，所以，我們盡可原諒並接受自己的渺小與愚昧，只要方向對，同時在努力，就不用著急。

話說回來，在沒有洞徹通達這些因緣與關係時，我們所有的規矩不過都是表面的、膚淺的、盲目的，甚至是功利的。在沒有真正到底瞭解這個境界之前，我們的「樂」，也不過是表面的、膚淺的，甚至是靡靡之音的。這裏的「樂」，實際上可以延伸到除了音樂之外，包括文學、詩歌、繪畫、藝術等一切人類的藝術性的表達。「樂」本該是天籟的回音，而我們現在還只是「人籟」而已。

所以說，孔子的這句「人而不仁，如禮何？人而不仁，如樂何」，也揭示給我們另一個現實，就是我們的一切修行其實絕大部分都是在「倒行逆施」，在嘗試著用結果去推導出原因。本來「禮」和「樂」是內在的「仁」在外在的自然流露，現在為了達到「仁」，我們也可以由觀

察體會表面的「禮」和「樂」逐漸深入，直奔源頭。這一以果為因的方法，其實也是儒釋道各家修練的共通。明白了這個道理，對於我們太極拳等具體技藝的實際修練自然也會生出指導性的理解。

如太極拳訓練中所要求的「頭頂項豎」「含胸拔背」「沉肩墜肘」「氣沉丹田」等要求，其實本是當我們的肢體做到合乎規矩之後由內而外的自然表現，但我們現在所做的卻是由外在「做」出這些要求後而找到內在的規矩。這就在提醒我們，如果我們不是通過由內而外的鬆靜的損抑之法達到這些要求，或者沒有在內在領悟理解這些道理，而是透過一種強制性的努力做到這些，那麼就會產生出負面的效果。

這種現象在我們很多太極拳習練者身上都出現過，就是本來是為了放鬆安靜，但卻因為太極拳的學習搞得自己肢體越來越緊張、心裏的雜念也是越來越紛繁，這也就是拳經上說的「本是捨己從人，多誤捨近求遠」。所以說，雖然以果為因的倒行逆施是各家通用的主要修練方法，但如果道理不明，則很容易事倍功半，甚至南轅北轍。

我們之前就討論過，每一個民族和地區在各個方面的獨特性，都是因為其文化的獨特性而決定的。同時，在追求真理與智慧的殊途同歸中，對於其他文化，無論旁徵博引也好，融會貫通也罷，首先一定要深深植根於自己的文化土壤當中。雖然在理為一貫的層面的確是世界大同宇宙大同，但在變化萬端的現實世界中，文化的缺失最終會導致一個國家和民族的滅亡。我們之所以在討論當中引用了

很多孔子的言論，因為孔子的確是中國傳統文化代表的不二之選。

現在中國在全世界許多國家和地區都開設了「孔子學院」，僅僅是這個名稱就值得我們去深思，並可以帶給我們很多啟發和感悟。

中國的傳統文化可說是百家爭鳴、百花齊放，但為什麼在走向世界的時候要將孔子放在首位呢？為什麼不叫「老子學院」「莊子學院」「列子學院」或「韓非子學院」呢？從某個角度來理解，孔子是在同世界上許多覺悟者一樣洞徹天地之後，唯一沒有走向宗教化、沒有走向神祕主義，也沒有談玄說妙的，而是仍然和大眾一起腳踏實地，立足於世間，以明知其不可為而為之的慈悲，希冀我們能夠經由對生活的全然投入而瞭解天地之真理。

所以，孔子說「未知生，焉知死」，而從不說「怪力亂神」。孔子的教法才真正做到了佛家所倡導的「佛法在世間，不離世間覺」。

有一點我們需要體會，相對來講，利用宗教的信仰、利用玄妙的言辭，都更容易讓大眾接受並趨之若鶩，而孔子卻放棄了所有具有蠱惑性的手段，僅僅以平凡的苦口婆心而達到如此的影響，其堅忍及智慧等所有的方面則更令人敬佩。所以，雖然說太極拳與中國道家的理論有著千絲萬縷的聯繫，但中國的整個文化基本上是「內用黃老，外用儒術」，或者說道家是練，儒家就是實用。所以我們以孔子為參考，不過是要由重新的認識來不斷建立起文化自信，並在這種自信之中逐漸認識自己，認識世界。

推手的訓練過程，也是由瞭解彼此的不同，而最終感悟到彼此一體的過程。推手訓練是一種訊息交換的過程，在這個過程當中需要我們時刻保持著開放的敏感與覺知。在訊息交換中，我們越能夠保持覺知則越能夠發覺對方的細節，從而也就會應感而動、應感而發，而不再進行習慣性的盲動。同時我們越是發現對方的細節，也越能夠發現人同此心的一體，從而能夠達成更加深刻的自省。所謂「己所不欲，勿施於人」，就是由這種瞭解而逐漸培養出一體同觀的慈悲。

　　推己及人，就這麼一句誰都會說的簡單的話，對於我們眾生來說卻彷彿是無法企及的天塹。推己及人才有可能感同身受，才有可能在心底生出「同情」，如果真能生出「同情」，曾經的草民上任後也就不會成為貪官，家中有愛女的也就不會去嫖宿別人的孩子。對於那些無論簡單還是深奧的道理，我們真的理解了哪個，又做到了哪個！

　　所以，對於任何問題的單向膚淺的認識，都會成為我們掌握技藝以及完成自我本質提升的障礙。比如孔子把人在世間的關係做了精練的概括總結，由近及遠，從家庭到社會，包括了父母子女、兄弟姐妹、夫妻、朋友、君臣等等，所有的這些關係不僅是雙向的，更是彼此有著錯綜複雜的相互影響的。

　　而我們的蒙昧卻習慣將所有這些錯綜複雜進行簡單的理解，不僅無法想像彼此間複雜的相互影響，即使對於單一的關係也習慣進行單向化的理解。

　　比如這個孝字，就像對待所有問題一樣，我們很容易

對其進行簡單的單向的理解，認為孝就是孩子對於父母的態度，不唯命是從就是對於父母的不孝。例如，中國近期出台的「常回家看看」入法就是一種典型的對於父母與子女關係膚淺、幼稚的認識，導致出極端、盲目的行動。

僅僅從「孝」這個字的結構上我們就可以得到啟發，上面是個「老」，底下是個「小」，很明顯這個字所代表的就是老一輩與下一輩的關係，這是一個沒有任何感情色彩的純粹的客觀描述，而不是一套特定單方面的行為準則和規範。而所謂的「不孝」，自然也就是在這個老一輩與小一輩的關係上，不能處理好彼此之間的各種矛盾，更無法從中領悟到生命的道理。

出現了「不孝」的問題，不僅有可能是小一輩的問題，也可能主要是老一輩的問題，而更多的則是雙方的問題，任何從單一的角度分析，用武斷的態度解決的企圖都是出自盲目的孤注一擲。

如果我們可以用互動的、「推手」的觀念來感受，就可以不斷地從所有的經典中，發掘出更加深刻和更加豐富的啟發。比如，子曰，「父在觀其志，父沒觀其行，三年無改與父之道，可謂孝矣」這句話，我們不僅可以從中感受到老一輩是如何影響小一輩的，也可以更深刻地理解這個老一輩與小一輩之間的關係是如何沿襲的。

作為老一輩，要將自己寶貴的經驗以及正向的感悟，儘可能高效地傳達給小一輩，並儘可能地使小一輩從中獲得儘量多的成長，這是老一輩的責任，也是所謂教育的核心意義所在。一個人在成長中最重要的就是如何形成一個

第四章‧纏縛疑情伴

1
4
1

發展方向正確的人生觀，而老一輩最大的責任也就是在這方面，能夠為小一輩提供正確的指導，讓他們在學會做人之前首先形成做人的概念，這也就是「志」。哪怕說老一輩沒有了，不能陪下一代走太遠，但只要是幫助小一輩形成了這個正確的「志」就算真正盡到了責任。因為即使老一輩沒有了，這個「志」會作為小一輩成長的強大指導，指導他們在生活中的實踐行為，也就是「觀其行」。

「三」就是多的意思，因為「道生一，一生二，二生三」，到三的時候就生出了萬物，所謂「吾日三省吾身」就是在一天中儘可能的反省自己，所以反省也叫作「參」，三者參也。「三年無改於父之道」，老一輩幫助小一輩培養出的「志」，在小一輩多年的生活實踐中都沒有動搖的時候，也就「可謂孝矣」！

說明這個老一輩與小一輩的關係達到了非常良好的效果，並且將這種良好的效果進行了良好的傳承。這樣的「孝」，才有資格稱為中華文明的美德，因為這樣的「孝」是真正的文化的傳承。給老人洗洗腳、擦把臉，是好事，但還上升不到中華民族美德的高度，這只是做人基本的善良。

舉這個例子，只是要說明我們要想透徹地感悟人生，就不可能只是單向地、簡單地、表面地去看待生命中的一切鉅細。所謂「萬有引力」不僅僅是某兩個特定的事物在彼此影響，而是世間萬物同時在相互作用著，我們對於這些相互的關係瞭解越深刻領悟越多，也就越能夠在順其自然中遊刃有餘。我們將精力集中在某一特定技藝習練中

時，不是要將自己固化、狹隘化，或者從現實生活中逃避出來，而是要將我們透過特定技藝習練所得到的領悟，不斷擴大和延伸，並直接指導我們的現實生活，讓自己越活越明白。

太極拳的訓練同樣是要突破簡單的、表面的方式，雖然推手看上去是讓我們暫時只將注意力集中在我與對手的關係中，但卻是要我們瞭解，在這個簡化的關係中又同時存在著錯綜複雜。

因為人是立體的，人的大小關節肌肉都是彼此能夠相對活動的，更重要的是人是處在持續的運動狀態中的，這就使人我之間這個看似簡單的關係不斷展現出其無限的複雜性。而對於這種複雜的感知，除了視覺和聽覺，更需要依賴於我們觸覺的靈敏，甚至需要我們內心感覺的靈敏，所以才會有「聽勁」之說。

所以推手的訓練，就是要使我們在世間所有的環境與狀況下面對所有的困難，都能夠成為所向無敵的太極拳高手，以致於在一拳一腳上贏人與否，到真成了次要。

四、從實戰這個話題想起的

如前所述，從拳術訓練的整個系統來看，推手訓練是通向散手實戰的一個重要環節，因為其訓練手段就是將散手中肢體接觸的細節加以放大，利用慢速與誇張來強化理解、培養覺知、形成正確反應，並最終將在推手訓練中培養出的素質綜合起來，還原到散手實戰當中。

當然，這種還原還需要一系列嚴謹嚴格的訓練步驟，也需要從慢速到快速，從單一技術配合訓練到組合訓練，而最終達到自由發揮的狀態，並在自由發揮的階段仍然不斷體察自己，以防因為外在招法的熟練，而偏離甚至忘卻保持敏感與覺知的狀態。

其實說到拳術的實戰技術，無非是踢打摔拿等各項技術綜合指數的體現。從這個角度來說，無論是中國的各種傳統武術流派還是拳擊、散打、摔跤、無限制格鬥等現代搏擊比賽項目，對於拳術中的各種實戰技術可以說已經研究得非常透徹，技法也非常成熟了。

而目前對於太極拳以致於中國其他各門派的武術有關實戰方面的質疑與攻擊，實際上針對的是習練者對於拳術的認識理解以及治學態度。

當今的社會，各種訊息與資訊的傳播越來越發達，而且這種傳播的發達，已經徹底改變了人的生活方式甚至是思維方式，至於對人類的內心世界以及人類本身發展方向的深遠影響，則非常值得每一個人都警醒起來，並對於其中的問題給予高度的重視。

雖然這種資訊傳播的發達，使所有從文字、圖片到音頻、視頻等一切資料都不再珍貴和神祕，但同時也揭開了許多事物長久以來神祕的面紗，使以前很多只是由口耳相傳或文字描述進行傳播的訊息，直接以「眼見為實」的形式昭然於世人面前。說白了，就是隨著時代的發展，人越來越不好騙了，同時騙人也是越來越難了，這個騙指的是在訊息與資訊層面，就是說僅僅依靠封鎖訊息來達到遮人

耳目而對人們進行欺騙，其效果已經很難達到了。但同時，人由於自己的慾望與無明而被騙的概率，即使沒有大幅度的提高，也不會比以前的任何時代更低。

簡單地舉例，當 1954 年的「陳吳比武」這樣珍貴和神祕的視頻資料，由電腦網絡傳播到了世界各個角落的時候，的確引起了軒然大波，其核心原因就是它的真實強烈衝擊並徹底粉碎了人們曾經主要由文字報導在腦海中形成的畫面。

無論習練太極拳與否，每個看到這個視頻資料的人，一定無法跟曾經閱讀過或從前輩口中聽過的描述聯繫起來，也無法與由文字介紹形成的太極拳大師的形象聯繫起來，更無法想像，這就是激發梁羽生、金庸等開創出高來低去、絢麗繽紛的新武俠小說的那個轟動的歷史事件。

在這裏我們不是要對陳吳二位先生的技術表現進行評論，而更重要的是需要去思考一下文字的記載和口耳相傳的東西，到底有多大的真實性和可還原性，而且這些與實際發生有很大區別的描述，又有多少治學所必須的嚴謹性，這些誤差又到底會對於所有實踐性的學問在治學與傳承方面產生什麼樣的影響。

資訊傳播的發達不僅僅將以前不容易見到的很多歷史珍貴資料擺放在了人們的面前，更能夠最快最及時地將所有學術研究的相關成果和訊息進行廣泛傳播，不僅僅將很多真實的情況提供給受眾，更將很多虛假醜陋進行了無遺的展示。

如果說，人們沒有在 1992 年 4 月林墨根、魏樹人、

李秉慈、門惠豐、劉承德、信玉河等名家參加的太極推手比賽研討會的錄像當中，看到太極拳「四兩撥千斤」或「打人如掛畫」等輕易放人於丈外的效果，但是從中我們卻能夠體會到專家們對於太極拳推手的研究，是把持著嚴謹的治學態度的。

相反，如今在網絡上氾濫流傳著許多一眼就能看出身體孱弱的太極名家不動聲色地，於彈指間就讓徒弟們殺豬般大呼小叫、上躥下跳的反人類神功，卻絕對是純粹的、完完全全譁眾取寵的醜陋表演。在這種僅限於師徒之間自欺欺人的大呼小叫與上躥下跳中，對於表演者來說，不僅一不小心會跌碎眼鏡、踏爛鞋子或傷了腳跟，更重要的是蒙昧了心靈，而斷了感悟與提升的可能。

而對於一門腳踏實地的實踐性學問來說，這種行為更會招致人們對於這門學問的懷疑與否定，並因為這種虛假的治學態度最終使此學問毀滅殆盡。面對這些場景，套一句兒歌，「蹦蹦跳跳真噁心」。

所以，當我們能夠認識到引起我們反感並讓我們質疑的，其實是一種治學態度而非學問本身的時候，我們就能夠擺脫所有不必要的困擾，重新審視自己，再次安靜下來，踏踏實實地回到學問的鑽研中來。正如，任何一個國家或民族的文化出現種種問題時，往往不是其文化本身的問題，而是這些文化繼承者的問題。在這種情況下，我們需要的不是消極的、否定的、破壞的態度，單純地吐槽罵街，甚至否定自己，而是要進行積極的、正面的、建設性的努力，在踏踏實實研究與認識自己文化的回歸中，達到

整個民族的無往不利。

所以說，因為實戰這個課題所給我們帶來的懷疑與困惑，其實不是我們的系統出了問題，而是我們實踐者出了問題，由內到外，從知到行，似是而非的知，盲目無效的行。見地不明，修法無益，首先還是來看看讓我們爭辯得面紅耳赤而莫衷一是的武術實戰到底指的是什麼。在定義武術實戰時，有關的論述與爭辯基本上都是在否定其他形式的武術，或特定形式的比賽，而且每一種論調聽上去都有自己的道理。

比如，說武術套路不是實戰，因為看上去就不合理；說拳擊不是實戰，因為沒有了腿擊和摔法；說散打不是實戰，因為沒有肘擊膝撞和地面纏鬥；說ＵＦＣ和ＭＭＡ不是實戰，因為不許踢襠插眼，而且地面纏鬥在很多條件下無法運用；甚至說連街戰也不是實戰，因為會顧及法律制裁而手軟等等。於是，聽上去彷彿最恰當、最合理的對於實戰的定義就是，「不附加任何條件的徒手搏擊」。

首先，從以上這些對於實戰的描述和爭論當中，怎麼琢磨都感覺是在追求不擇手段致人傷殘以至一擊必殺的效果，感覺這不是在研究武術，而是在研究血腥凶殘的謀殺。其次，「不附加任何條件」是一個根本就不客觀、不能成立的描述，因為世間萬事萬物的形成發展與消失都是在特定的條件下運作的，世界上沒有無條件的存在，一個人在沒有任何條件的狀況下就能去徒手搏擊，其精神狀況已然令人持保留態度了。

那麼，實戰是否就是要做到能夠盡可能最大化的傷害

別人？又是否只有沒有任何條件限制的實戰才能反映武術訓練的成果？

　　我們不妨把這個問題退回到最低級最原始的點，也許會有助於我們把問題徹底搞明白。簡單直白地說，「戰」就是人與人之間的爭鬥。那麼這個「實」便有兩層含義，一方面指的是「戰」發生的時間和地點，也就是現實生活中的場景；另一方面則暗示著，這個「戰」一定是因為在現實生活中所涉及的各種利益，無論是包括食品、財物、配偶或土地在內的實物，還是信仰、信念、情感、榮譽，甚至是一口氣在內的看不見的東西，都包括在這些各種利益裏。

　　那麼所謂實戰，無非也就是為了爭得以上這些實際利益而在現實生活中進行的爭鬥，而能夠最終得到所爭奪的利益，也就是實戰的目的。如果實戰的輸贏是以能否最終得到所爭奪的利益為標準，那麼這個目的的達成也就是最終得到這個利益，這也就成了實戰結束的條件。

　　比如，為了與別人在公車上搶奪一個座位，那麼最後得到這個座位就是勝利的標準，同時也是實戰的條件，因為只要對手放棄了這個座位就是贏了，而沒有必要一定將對手置於死地。即使是在為了一口氣這樣縹緲目的之爭的搏鬥中，如果對方在鼻子流血的情況下服了氣，也就是贏得了實戰的勝利，就沒有必要去打折對方的胳膊。而如果在還沒有肢體接觸之前，對手就膽怯退讓了，那當然也就是實戰的最高境界了。

　　當然，如果對手至死都不服氣，那只有打死他才算

贏，但這時對手已經不能向你承認失敗了。這麼看來，以榮譽和驗證技法為目的的各種技擊比賽，當然也算作實戰，因為這些比賽有明確的目的與明確的條件。

所以說，實戰的目的和條件會因為具體情況而存在著差異，而實戰者則需要根據具體情況來調整自己綜合素質的運用。首先以非比賽性質的現實生活中的實戰搏鬥來說，無論從目的到條件都非常具有差異性。

比如搏鬥的人數，是一對一、還是一對多、還是兩打一；比如地形，是鬧市、是酒吧、是胡同、還是公共交通上；還有就是對手是否有武器，是刀、是棍、還是槍；最重要的還是要知道自己的目的，是為了真心的切磋技藝點到為止，還是因為其他利益紛爭選擇讓對手知難而退、使自己安全脫身、還是真的要重傷對手或置人於死地。對於以上這些不同情況，其實都需要我們在每一次的實戰中都進行考慮，而絕不可能是孤注一擲地不計後果。

說到比賽性質的實戰，規則和條件當然是必須的。這些規則當中既有本身拳術風格的考慮，又有盡量保持客觀公正的考慮，更重要的是保證人的安全。

總有許多中國傳統武術的習練者對於各種比賽的規則進行各種各樣的質疑，但只要稍加思索就會發現這些質疑如果不是退卻和逃避，那就是毫無根據的無理取鬧。世間的一切遊戲都要有規則，沒有了規則，任何遊戲都不可能存在，武術的比賽亦然。

就好比足球比賽不許守門員以外的運動員用手觸球，但真的犯了規也沒人被砍頭，畢竟就是個遊戲嘛，但問題

是如果不守這個規矩，足球這個遊戲也就消失了。所以，麻將有麻將的規矩，撲克有撲克的玩法。還有就是，規矩是給參賽雙方的，所以是相對公平的，比如特定的搏擊比賽，不許你踢襠插眼，同時也不許對方踢襠插眼，這是保護了雙方，如果讓你踢襠，同時肯定也就讓對方可以這麼做，在條件上你並不會占任何優勢。

就如我們前面所舉的麻將與撲克的道理，真正的賭王也好千王也好，就是無論是玩撲克還是玩牌九都能夠在相應的規則裏發揮自己的技藝，最終勝利。

那麼同樣，無論習練何種武術，真正的高手應該是不管參加拳擊、摔跤還是散打比賽，都能夠在相應的規矩中淋漓盡致地發揮自己的技術並取得勝利。

那麼從武術訓練的角度來理解實戰，就是為了某種特定利益根據不同的客觀條件，透過綜合運用自己在訓練中獲得的技巧與素質，最終達到目的的搏鬥。那麼所謂實戰能力，也就是將透過一系列的訓練手段培養出的技巧和素質，透過覺知在實際的爭鬥中進行恰當運用的能力。如果說實戰追求的是不附加任何條件的徒手搏擊，那麼，能夠適應任何附加條件並取得勝利的，是否境界更為高明呢！所以對於實戰更恰當的描述應該是，能夠適應任何附加條件的搏鬥。

而如果將實戰的概念延伸到每時每刻的生活之中，也就是培養出我們能夠覺察並迅速適應任何不同的客觀條件，妥善恰當地解決生活中出現的任何矛盾，而使人生能夠保持平和的心態。那麼從這個角度來說，太極拳的實戰

技擊，主要研究的不是如何置人於死地的學問，而是讓人活的學問，是如何讓自己和其他人都活得更好更有意義的學問。

五、什麼是自己的風格

另外，還有一個非常讓人無法理解或者說感覺可笑的狀況就是，每個拳種彷彿都在以「打出自己的風格」為己任。打出自己的風格沒有錯，但關鍵在於如何理解什麼是自己的風格。自己的風格是技藝已經超越了單純的技巧性，漸漸達到藝術性表達階段才能夠顯現出來的。正如李小龍所說的，武術無非表達自己，這個自己指的是習練者，而不是習練的內容。

這種表達並不難理解，不僅僅是拳術，就是生活中的所有勞動技能也都能由艱苦的訓練而達到這個境界，這就是為什麼有時我們會因為一個拉麵師傅或其他的能工巧匠而駐足驚嘆。但在太極拳以及很多拳種的「打出自己的風格」這個概念中，總給人一種感覺，就是是否能夠展現和表達自己並不重要，能否展現和表達所謂的太極拳才是唯一任務。

太極拳也好，形意拳、八卦掌也好，都是獨特的訓練手段，其目的是使人具備適應任何條件搏鬥的素質與技術。這些拳種的獨特，是其指導理論及訓練方式的獨特，換句話說，就是具有獨特的訓練風格。

但如果將這些訓練方面的風格，認為就是應該在實戰

中展現出的風格，則就是大錯特錯了。如果將拳術的搏擊實戰比喻為花錢，那麼訓練就是掙錢，掙錢可以透過從事不同的行業，而這些不同的行業也擁有自己的風格特點。無論從事哪一個行業，都要充分地表現出自己行業特點，所謂幹什麼像什麼。

但等到自己的行業掙來錢之後，去花錢的時候，所謂花出自己的風格，是自己品味氣質的表達，並不是要讓人一眼看出自己是從事什麼行業的。沒看見哪個戲劇演員消費時先擺個亮相，也沒見哪個婦女去商店買東西時，由擠眉弄眼搔首弄姿來交流。現在很多所謂打出太極拳風格的做法，就是在搔首弄姿。

所以可以看出，我們之所以會因為實戰這個概念而困擾重重，甚至在生活的各個方面都被很多無謂的爭鬥搞得痛苦不堪，都是因為對於所謂的實戰沒有進行深刻地觀察與理解。既然實戰意味著為真實利益和明確目的而戰，那麼真正困擾我們的，其實是我們根本就不知道每一次實戰的意義到底在哪裏，而人，要知道自己想要的到底是什麼。如果我們連自己想要什麼都不知道，還怎麼能保證我們在生活中點點滴滴的行為都能夠恰當，所以說，我們如果無法利用包括太極拳在內的世間一切學問，來真正認識自己並直接指導我們的生活，學什麼都是沒有意義的。所以說，從深層原因進行分析，目前對於以太極拳為代表的中國武術在實戰技擊方面的質疑，其實是對於目前部分太極拳等的習練者和傳承者的質疑。

很多習練者不求甚解不下工夫，更有很多傳承者不明

所以、以訛傳訛，這些都對太極拳的生存發展和推廣產生了極負面的影響。所有這些沒有理解、沒有體驗、沒有實踐的習練方法不僅不可能取得應有的訓練效果，更會滋生出許多莫名其妙甚至是滑稽可笑的概念，比如全世界任何一個武術種類都能夠非常客觀正常地對待比賽和實戰中輸贏的時候，只有中國的武術還在執著於「未嘗一負」。這是多麼荒謬可笑的四個字，但我們就真的在用荒謬可笑來包裝著自己的前輩和拳種。這是一個不知好歹的年代。

其實，以太極拳為代表的中國內家武術有著非常完善的訓練體系，即使到今天，仍然有很多具有真才實學並腳踏實地的實踐者，默默地傳承著中國內家拳這份瑰寶。也許他們其中很多人並沒有現代教育背景下的高學歷或所謂的文化水準，不擅包裝、不事張揚，但他們卻用自己本身來證明了這個系統的科學性。

在這個訊息極度發達、「吐槽」言論氾濫的年代，我們不應該被一些「假大師」極不負責任的言論所影響，面對心中的質疑，我們應該反省自己是否真的踏踏實實地進行了實踐。其實，以太極拳為代表的中國武術的很多理念，早已在世界範圍內引起了很多不同學術領域的關注，並從中吸取了很多原則和經驗，甚至是直接照搬了很多具體方法。

其中比如「鬆」「靜」「慢」等原則及站樁、意念誘導等具有科學性的手段，已經被很多西方競技體育利用並取得了良好的效果，而且被所謂傳統武術的衛道者所排斥和批評的中國散打等訓練，實際上就是以中國傳統武術的

理唸作為指導，並且大部分採用了真正的傳統武術訓練手段和技法，而我們很多打著傳統旗號的習練者不僅自己沒有腳踏實地地實踐，而且還去盲目否定別人積極的實踐和探索，事實上對於中國傳統武術的發展和傳播起了很大的負面作用。

　　不僅僅是一門特殊的技藝，同樣的現象也同樣出現在了整個中國傳統文化的傳承與發展方面。其實，正是因為文化傳承的斷層使我們大部分人對於自己的文化產生了種種誤解，甚至是到了全然不瞭解的地步，而我們卻將由於這種全然不知所造成的困惑和痛苦歸結為自己文化本身的缺陷，於是越不瞭解也就越質疑，越質疑也就越失去自信，越缺乏自信也就越不去躬身實踐自己優秀的文化，其後果自然也就是在現實的生活中出現更多的困惑與痛苦，這幾乎成了一個惡性循環的怪圈。

第五章・內外有別乎

當我們現代的太極拳研究者還在努力地去迎合西方原始初級的物理力學理論時，西方人早已開始從古老的東方智慧中尋求幫助，重新認識和選擇內在的探索之路。

一、外家與內家

正如我們之前所探討的，所謂中國傳統文化的復興其實並不是中國人自己運動式的盲目，而是全世界都在探索如何由自我認知來擺脫困境浪潮中的大勢所趨。現代社會中，大多數國人由於與自己的文化脫離了太久，的確使自己的眼光受到了嚴重的限制，並退化了很多思考的能力，就如同人缺氧太久，嚴重傷害了大腦。文化，是一個國家或民族的氧氣。不知從什麼時候起，中國人把血液中「自省」這個優秀品質已經曲解並變質為自我否定，甚至是受虐般的「自瀆」。在現在所有的中國媒體和民眾言論中，我們不僅經常把自己說成是世界上最差勁的群體，甚至企圖把人類所有的惡劣行為都歸為自己的專利。

近些年我們經常可以從自己的媒體中看到所謂「中國式過馬路」「中國式開車」「中國式接送孩子」，甚至是「中國人你為什麼愛生氣」等一系列類似的專題，對於有過實際經驗的人來說，從這種論調能夠得到的結論就是，這些專題的策劃者一定沒有在中國以外的地方長期生活過，要不就真是有自虐自賤的怪異心理疾病。

不要說人天共憤的罪惡，因為就簡單地從電影作品的想像力就可以看出，中國人在真正的壞的水準上還差得太遠，我們連一個富有創意的犯罪電影都設計不出來，因為

第五章・內外有別乎

沒有生活。所以僅僅從以上那些不拘小節的事情來負責任地說，中國人的素質是有待全體提高，但就目前的狀況來看，並不比任何其他國家的人更差，每個國家都有人在闖紅燈、吐痰、扔菸頭、酗酒鬧事。

要知道，人類的文明倒退是一個世界性的危機，不是中國一個地區的，我們可以為全世界而覺醒、而負起責任，而發揮自己的積極作用，但真的沒必要把全人類的黑鍋都往自己身上扣。除非這些自贖的論調真的出自於一己私利的別有用心。

所以，我們重新認識自己文化的需求事實上是全世界的內心需求，而我們重新認識自己，既是幫助自己，更是為了利益所有的人。一百多年來，在我們還固守在當年舶來的一些所謂西方的最初級、根本談不上成熟的科學理論，並視之為玉律金科的時候，西方世界早已經開始嘗試著去瞭解東方的古老文化，其原因一方面是在外向進攻型的探索與發展中遇到了困惑與瓶頸，另一方面則是發現這種外向進攻型的探索的終極結果，原來只是吻合了東方古老智慧對於世界真理的一些非常淺顯的表層闡述。

這種震驚實際上集中在了一個探索向度的問題，也就是人原來可以將自己作為一扇門而從內部瞭解整個世界的運作。這裏面沒有哪個方向正確的問題，而關鍵是外向與內向的兼顧才使完整的達成更具有可能性。中國人管這種兼顧叫「內外兼修」。

有考證，內家拳這一說法，最早出現於明末清初浙東學派的著名學問大家黃宗羲的《王征南墓誌銘》當中。當

時他用「內家」這個詞，說的是行家裏手，形容拳術水準早已登堂入室、深入堂奧，已經進入了內院，用俗話說就是練到家了，那麼世面上只有皮面尚未入門的，自然就是「外家」了，從這個角度說，其實叫「家外」更貼切一點。後來這個詞被逐漸引申，開始用於區別以內在訓練為基礎的太極拳、形意拳、八卦掌等和其他在訓練與運用中都表現得比較剛猛的拳術。

本來內家拳這個詞意義的延伸旨在提醒拳術訓練方面容易被忽略的內在向度，但卻同時也引發了無盡的爭端，不僅涉及了內外家孰高孰低的問題，更由此製造出許多無端的爭執，爭執的焦點也是最讓人們困惑的，就是「內家拳」到底「內」在了哪裏。內與外，就如一枚硬幣的兩面，哪一個方面都不可能獨立存在。

中國人定義太極拳、形意拳、八卦掌等拳術為「內家拳」，其意義不是放棄外在，而是提醒了內在這個向度的重要性，因為外在很難或者根本就不可能被忽略，因為外在已經很明顯地在這裏了，而內，卻很容易被忽略甚至遺忘。從而可以看出，真正令現代人對於內家拳產生興趣的是，作為內家拳理論支撐的中國傳統文化，因為中國傳統文化從整體觀出發，早就闡明了外在其實是內在的表現，沒有了內在，外在也將消失。

當我們談到太極拳、形意拳和八卦掌等被稱為內家拳的原因時，總是將其解釋為「以靜制動」「以柔克剛」「後發制人」和「以弱勝強」等。但問題是，這些描述都只是在形容一種外在的表現，而任何一種相對來說被歸為「外

家」的拳術，包括拳擊在內都可以在技近於藝的階段，淋漓盡致地表現出這些彷彿是內家拳的獨有特點。

　　既然外在的追求與表現，或者說在技擊這個狹隘範圍裏的追求與表現，所謂的內家外家都是一樣，那麼內家之所以被稱作或者自詡為內家的原因，其實就是其用功的方向，也就是訓練的方面。外家拳的訓練是從速度、力量、技巧等看得見摸得著等顯而易見的方面入手，其指導思想則合於現代競技運動的「更快、更高、更強」。而內家拳並不是單純地否定這種「更快、更高、更強」，而是另闢蹊徑、擴展視野、打破藩籬、追溯源頭，去探究「更快、更高、更強」的深層機制與原因，以及如何克制和避免單純追求外在所帶來的弊端。

　　首先需要澄清的是，無論是具象的拳術也好，還是抽象的文化概念也罷，我們所談論的內與外，東方與西方都不是人格意義上與地理意義上的，我們說的東方不是起始於某個特定的海岸，我們說的內，也不是剖開肚子就能看見的。就如我們之前說，目前全世界都是西方的，而同時東方也散落在各個角落，就如在某個久遠的之前，全世界都是東方的，西方只是一粒種子，一切此消彼長，逝者如斯，所以還是老祖宗用詞簡練，一陰一陽而已。

　　如果我們把所有表象的、外向的、剛強的、進攻的歸為以男性氣質為表現的西方，也就是陽；那麼所有深層的、內向的、柔軟的、接受的就可以總結為以女性氣質為表現的東方，也就是陰。

　　中國的古老智慧強調的是，「獨陰不生，孤陽不長」，

所以無論是整個人類的文明發展還是具體到拳術等技藝，都不是要否認或拋棄任何一方，而是要「陰陽相濟」，才能達成技藝的昇華以至人生智慧的通透。

所以我們能夠再次理解，所謂內家拳與外家拳的區別是對於用功方向的注重點不同，但並不是厚此薄彼、互相排斥。我們知道，世界上任何學科的「分解教學」都是為了最終形成整體的理解，同樣拳術上內與外的區別，也是為了能讓我們更加體會完整的圓滿。無論太極拳還是什麼拳，既不是單獨的「內」也不是孤立的「外」，而是追求最終的「內外一如」，這也是中國傳統文化的精髓之一。

再用太極拳這個具體的技藝來做比方，比如「用意不用力」這個原則，並不是否定力量，而是將力量的概念進行了延伸，將力量產生的源頭從簡單的肌肉伸縮追溯到了現在所說的潛意識層面，在訓練中由不用力量來察覺、來強化意的作用而最終達到更有力量的效果。也許在訓練的某個階段會分出先意後形先內後外的順序，但最終要認識到整個的過程是同時發生的一，因為原來「意即力也」。總之，內與外的分別，是為了達成完整的方便手段，因為真相畢竟是「內外一如」的。

二、內就是意、就是心

「意」既是太極拳等內家拳的核心問題，也是被熱議的話題。可以總結概括地說，內家拳的「內」所指的就是這個「意」，而向「內」用功，就是在這個「意」字上下

工夫。明白了這個「意」才有可能真正明白內家拳到底「內」在何處，以及具體在用功時如何用意。所以太極拳經中說，「凡此皆是用意」「全憑心意用功夫」，更有形意拳、心意拳、意拳等直接在名稱上體現出了意的重要性，更表明了意的訓練是貫徹始終的核心和一切的基礎。

但同時，對於「意」的概念與定義也是產生了激烈的、持久的爭辯。我們不可能把一個字的字義限制在一個絕對的定義裏，這麼做在全世界任何語言體系中都是不客觀不現實的。同樣，意這個字在不同的範疇與語境中也會有含義不同、深淺不同的表達。更重要的是對於實踐性的學問來說，個人水準的不同，其認識能力與表達能力也自然千差萬別。

心和意是一回事，佛家講，「心、意、識體一」。萬物一體，所謂萬物不過是深淺精粗的階段性差別，而在內部，則彼此有著深刻的不可分的聯繫，如海洋把陸地分隔成各自遙望的獨立，雖表面上看其阻隔無法踰越，但在深深的內部，所有的陸地都是連接在一起的整體，從未也不可能分開。

應該說，佛家對於意識的研究應該是最詳細的，其成果對於世間各種技藝的習練，以致於現代的所謂心理科學的研究等，都給予了詳細的參考和深遠的啟發。佛家唯識學中有「八識心王」之說，是指眼識、耳識、鼻識、舌識、身識、意識、末那識及阿賴耶識。眼、耳、鼻、舌、身這幾識，使人看得見、聽得著、嘗得出、摸得到，所以可以理解為實實在在的外，這裏所謂的實實在在，就是不

超越普通人的感知力和理解力。

　　那麼從意識到末那識以致於阿賴耶識等看不見摸不著的就可以理解為內了，當然，這個內也是實實在在地存在。如果從內家拳的角度分析，著重於前五識的訓練為主就是外家，將精力放在對於後三識探究的則為內家。在這八識中，意識相當於我們現在所說的大腦的功能，就是分析思考。末那識則是多生累劫以來，對於自己的執著而產生出的習氣性的深層意識，可以勉強地用現代心理學中潛意識概念來描述，但它要比現代心理學的潛意識涵蓋更深更廣。那麼最後的阿賴耶識，又叫藏識，潛藏著宇宙萬物一切，可以理解為宇宙萬物的真正本源。

　　在這八識當中，位於第六的「意識」，處在了一個非常重要和敏感的位置，因為它正處在了內與外的交界，既發揮著外的作用，同時也顯示著內的特徵。雖然意識也是看不見摸不著的，但我們卻可以實實在在地感受到它的存在，因為它就是我們的頭腦。我們的生活片刻也離不開頭腦的功能，卻同時也被頭腦不停地干擾著。我們的頭腦每時每刻處理著外界的各種刺激訊息，同時也產生著數不勝數的念頭與想法，來影響著我們的身心內外。所以我們可以看到，它就是內與外的連接點。

　　那麼內家拳所說的「內」，指的就是從具有內外兩種屬性的「意識」開始向內，包括末那識與阿賴耶識這一無限的部分。用現代心理學來表達，這個「內」，或者說「意」，就指的是意識與潛意識。雖然說現代心理學比起佛家唯識學來說還非常淺顯，但其潛意識方面的研究推理

成果，卻逐漸開始與佛家的理論相合，並在最膚淺的層面得到了交集與印證。

所以我們在以下的討論中可以借用現代心理學意識與潛意識的概念，把所有比意識更深刻層次的識，通通稱為潛意識，既方便，也滿足我們迷信所謂科學的心理。

不得不承認，在現代的太極拳理論研究中，試圖用膚淺的過時的科學理論來強行分析和解釋太極拳原理這種不科學的態度，給太極拳等內家拳的研究造成了極大的困擾。現代科學是極具時效性的，因為它的核心靈魂是技術的發展，所以它具有時尚般的膚淺性。時效性強的，如花邊新聞，如穿衣打扮，如智能手機，必然是膚淺的。

而太極拳等內家拳這種以一以貫之的天地和諧之理為靈魂的技藝，即使需要用技術科學來解釋，那麼就首先必須讓自己的知識水準持續保持在技術學科的最前沿，而這是不可能的。另外，知識水準跟智慧無關，正如學問與學歷無關。

根據早期的西方「科學」理論，無論中醫還是太極拳等學術，都被研究者批為「心腦不分」。於是在「科學」的淫威下，這些古老的學問通通把自己所說的心，認為是大腦。有很多太極拳研究者就下結論為，太極拳所說的「心」「意」指的就是大腦。

殊不知中國人的「心」遠遠超出了心臟這樣一個個別器官的概念，而人們強調的大腦，卻只是「意」這個無限空間的一個最邊緣最表層的一個零件。如果「以心代腦」是不負責任想當然的空想理論，那麼其以假為真的結局，

也就是「以腦代心」，就是把一切都拉回到簡單的解剖學水準。這樣的研究，無異於企圖在一頭死豬的軀體與大腦器官中，探究出人類活生生的情感。

早期的科學給大腦賦予了不恰當的、過多的意義。頭腦主要的功能應該是接收和分析訊息，卻絕不應該是決策者。還是用音樂演奏為例，每一個演奏家或者每一個曾經登台演出的人都會有如此的共識，就是在演奏的那個時刻大腦是靠不住的。在演奏會上不可能經過大腦思考後再彈出每一個音符，也不可能再由大腦來進行藝術加工，那樣做的結果只能使演出變得一團糟。

因為僅僅從演奏技術來說，每個演奏家都知道手指本身是有記憶力的，平時的日常練習就是要達到即使人都暈到了舞台上，手指也能無誤地演奏出每一個音符。這是個調侃的說法，但卻為我們揭示了很多事。

一，身體的任何一個器官以致於每一個細胞都有自己的記憶力，而不只是大腦。很多外語教學者倡導的「脫口而出」也是利用了超越大腦的道理。

二，藝術的發揮依靠的不是大腦，而是心，大腦只能去分析事物，而心才能感受生命。藝術靠的不是思考，是靈感，而靈感則來自於潛意識層面，也就是我們這裏說的「內」和「意」。

這就是為什麼人人都有可能學會相應的藝術技巧，但不是每個人都能成為藝術家。靠大腦做出來的挺多是工藝品、是流水線產品，而從潛意識流露出的才是靈感、才是藝術。說到技擊，同樣，所有有過擂台經驗的選手都會瞭

解，在比賽中那些間不容髮的時刻，只有面對的不是差距太懸殊的對手，沒有誰敢在接手後出招前先用大腦思考一下，那時候大腦太慢了，不可靠，比賽尚且如此，那處理生死搏鬥呢！

當我們給大腦賦予過多的責任和意義時，就會擾亂我們的生活和生命。而當大腦無法勝任我們強加給的過多任務時，人各個方面的先天本能就會逐漸衰退，直至消失殆盡，成為一部簡單的機器。大腦就是一部機器，至多是一台電腦，它可以處理複雜的計算與分析，卻無法去活生生地生活。大腦是技術性的，而生活與生命是藝術，藝術的來源是心、是意，是內家拳所說的那個內，能夠感受這個藝術的，也是這個內。

這就是為什麼人越來越技術，卻越來越不藝術。人可以完成越來越複雜的技術以服務現代的社會，卻已經無法去欣賞一首音樂或欣賞一幅畫。人們已經可悲地開始研究如何欣賞音樂或如何欣賞藝術作品，要知道，音樂與藝術本該是人與生俱來的靈性，而不是一種可以透過教授來掌握的技術。

這些教授如何欣賞音樂和藝術的研究還是透過分析和解剖的方式，這是殺死藝術的方式，而不是愛的方式，這是大腦的方式，不是心的方式。我們的音樂學院裏教的都是音樂知識，而不是音樂。「學音樂的孩子不會學壞」，這是哪個混蛋說的！學點音樂知識就不會去輪姦了的話，世界會很容易清靜下來，還要法律幹嗎。

音樂怎麼可能是教出來的，音樂是心靈在歌唱，所以

我們一切的修練不過是要覺知到心到底在哪兒。巴西的近代音樂巨匠維拉・洛博斯說過，音樂學院沒有給他任何有用東西，他的音樂來自於亞馬遜森林裏的鳥兒。

當我們欣賞一首交響樂時，當第一句在耳邊響起時，如果我們去分析和思考「這是一個大三和弦」，或「這個是切分節奏」，我們立刻就錯過了連綿不斷的音符，錯過了整個音樂。用頭腦「聽」音樂，我們永遠只能接收到片面的訊息，不是主旋律就是節奏。我們所謂的音樂，不過就是高低起伏的歌詞兒，「蒼茫的天涯是我的愛⋯⋯」，以及震耳欲聾的「咚次、咚次」。只有用心去感受，我們才能覺察到整個的音樂，交響樂嘛，白話說就是，很多不同的聲音在協調中同時出現。

而我們一提起某個交響樂作品時，腦子中不過是一個單旋律，於是我們自認為瞭解了這部作品，而這個單旋律就有如一隻猴子身上的一根毛。那些真正大指揮家，一閉眼就是整部作品的恢宏，閉眼，是為了關閉頭腦，此時此刻，只有心。

音樂與藝術，需要大腦的停止與休息，大腦知道的一切所謂知識對於音樂與藝術來說，都是所知障。所以現在，越是不具備所謂音樂知識的人越有可能保持著對音樂的敏感，越是不瞭解繪畫技術的人越能夠被一幅畫深深打動。這就是為什麼近年來，有關古典音樂的文章寫得最傳神最動人的，竟是一個畫畫的，而把形意拳寫得令人無限神往的，是一個學電影的。

有些技擊家說過，贏人，靠的是靈感。首先，必須把

自己練的東西當作藝術來對待，技近乎藝，才有入道的可能。看拳擊散打表演，看的不是血腥，比的不是誰更流氓，而欣賞的是藝術。看巔峰時的阿里，看巔峰時的小羅伊瓊斯的拳擊，就是藝術。梗著脖子、流著鼻血，沒有絲毫藝術性的「打不死不打」是沒什麼看頭的。所以孔子明確表示，「暴虎馮河，死而無悔者，吾不與也」。

　　需要強調的是，我們不是在否定或排斥大腦，而是要正確認識它的真實作用，並對其進行有效的利用。頭腦只是整個意識鏈條中的一環，它有其不可替代的作用，但絕不是主宰。所以作為我們必要的組成，頭腦本身沒有任何問題，問題在於我們對它的錯誤認識，以及錯誤的運用。

　　因為對於「內」的修練，也就是潛意識的修練，意識或者說大腦是最重要的工具。大腦處在了一個非常敏感的位置，一個門的位置，一扇聯通內在與外在的門，或者可以比作是一座連接可見與不可見、已知與未知、意識與潛意識、內與外的橋樑。這座橋樑，主要是向內運輸，由內而外時，就跨越了這座橋樑，這就是神明與神速。

三、意動神速

　　簡單扼要地說，「意」就是內家拳所說的「內」，而對於意的訓練就是兩個不同方向的訊息傳遞。在訓練的時候，是由頭腦及眼、耳、鼻、舌、身等所有感覺系統接收外界訊息並在極靜的條件下傳遞給潛意識，並力求在潛意識中建立起條件反應機制，這是一個輸入過程。在運用的

時候則是一個逆向傳遞，就是在大腦接收到外界訊息後，潛意識中建立起的條件反應機制直接作用到外在的肢體，這是一個輸出過程。

這樣也從更加深刻的層次說明了中國內家拳所謂的練用體系不同到底是什麼道理。練的時候，一切鬆靜勻慢的誇張動作都是為了最高效地影響到潛意識，而運用的時候則是潛意識在支配真實的搏擊動作。

我們平時站樁、走架或是推手等訓練，都是在「輸入」方向上下工夫。大家普遍的做法都是，用「意識」也就是頭腦來「想」，想自己是參天大樹、想自身與外界無處不聯繫、想自己是整體如鑄的。但在想的過程中習練者不僅無法確定這個想的真實作用，而且往往感覺思緒萬千、雜念紛飛，甚至直接帶來頭暈腦脹等身體上的不適。問題就在於，真正能夠在潛意識中建立反應機制的，卻並不是這個「想」，或者說僅僅「想」是不夠了。

「想」的真實目的，僅僅是創造出一個場景或意境，這也是頭腦在輸入方向訓練中的最重要的作用。比如我們可以在頭腦中把自己想像成為一棵樹，也可以想出牽掛四肢與外界的彈簧或皮條，這就是創造出了一個場景和意境。而到這一步，頭腦的工作基本上就完成了，接下去的是要觸發頭腦或意識之下的潛意識層面，而這個觸發，利用的是「感覺」。

我們常說，分析來自頭腦，而感覺來自於心。所以說，感覺是潛意識的作用。只有我們真實地感覺到了頭腦所創造出的場景，或者說頭腦創造出的場景觸發了我們的

感覺時，才真正使意識與潛意識、內與外建立起了聯繫。

　　比如說，我們在頭腦中創造出一個沐浴的場景和意境後，皮膚表層出現的麻熱舒服之感，並出現了汗毛豎立等現象，才是感覺起了作用。所以「全憑心意用功夫」的話，重點不在於你在頭腦中想到什麼，而是在於在心中感覺到了什麼，並且是否將這種感覺在肢體層面自然地表現出來。比如想像手扶著漂浮在水面上的木板時，頭腦中的木板是什麼樣子的，其實並不是核心，心中感覺到木板的作用力，並且手掌能夠真切地感受到這個力才是核心，用俗話說就是，真的摸出塊木板，這就是所謂的「無中生有」。

　　所以有「有形有意皆是假」的說法，一方面說明被表面看到的並不是其本質，所謂眼見不為實，另外更要說明的是，無論形也好意也罷不過都是修練內意的假借，僅僅是方法而已而不是目的。

　　「有形有意皆是假」這句話裏的「意」，指得是有思考功能的大腦，是意識層面，到「無形無意方為真」，才是在運用中發揮了潛意識的作用，這裏所謂「無意」就是超越大腦，超越思考，「階及神明」。總之，內家拳的訓練體系可以比作是輸入方向的，具體操作就是由大腦的良性引導對潛意識進行刺激，其運用體系就是輸出方向的，由潛意識來「應感而發」。

　　太極拳有「彼不動，己不動，彼微動，己先動」的說法，這也是一句備受質疑並遭到多種批評的理論。這句話從字面意義上的確是說不通的，試想，微動明擺著已經是

先動了，己怎麼可能先動呢？更何況就從太極拳在別人頭腦中那種慢慢悠悠的速度，無論對手怎麼微動，要趕上人家看上去也是很困難的。以致於前半句的「彼不動，己不動」也被連累成了被揶揄的笑柄，如果對手彼此都是練太極拳的，看你們彼此不動到什麼時候。

　　作為太極拳習練者，無論心裏感受如何，對於自己的學科自然是要維護的。於是，有的解釋說，在「己先動」這句之後尚有「彼先動，我已發」，來說明自己的速度是能夠達到先動效果的，但仍是禁不起質疑者如相聲捧哏般一根筋的問尋，「你就告訴我人家微動的時候，你怎麼先動的？」於是終於被逼出，「我意在先」的話，這聽上去模棱兩可的答案，雖然可以暫時搪塞住毫不留情的追問，但自己說出後也是心驚膽顫。畢竟，如果把意理解為大腦的思維，意在先同樣是不可能的。

　　大腦需要接收到外界的訊息之後才能經過分析而做出反應，那麼那個外界訊息無論多麼微，也是必須要首先發生的，大腦的接收總是在後面，所以還是解釋不了，別人微動了，自己怎麼還能先動。

　　再者，大腦再經過分析再做出反應，這種情形想一想都嚇人，真打過的地球人都知道。所以說，對於內家拳所說的「意」沒有真正的認識體悟，是不可能理解太極拳任何理論的，當然對於自己的修練，也不會產生真正的幫助，仍是盲人瞎馬，抱著也許哪天就行了的心態，最終走向不知道哪天就死了的結局。

　　強調一點，「彼不動，己不動，彼微動，己先動」的

說法所要傳達的境界是真實不虛的，前提是如果我們真正瞭解了「意」的運作。我們說了，內家拳所說的「意」指的是，從頭腦開始到潛意識以至佛家所說的阿賴耶識與藏識這一向內無限的部分，其中頭腦的意識還只是個內外的連接，算不上真正的內。

舉個科學的例子吧，要知道，不是只有牛頓定律才是科學，在潛意識之後的識中，陳列著生命中的一切，或者說，宇宙中的一切都是同時發生和存在的。近期西方的量子物理學家們忙不迭地向人們分享著一個毀三觀的發現成果，就是說當他們觀察到一個單獨粒子時，卻發現這個粒子是同時出現在很多其他地方，有的是在千里之外，而這些所有不同地方的粒子就是一個，因為其中的一個消失同時所有地方的這個粒子也就不見了。一般人不好理解，但科學家在試圖解釋說，東方古老智慧說的一就是多，多就是一，你中有我，我中有你，萬物一體是正確的。

在內意的層面，一切都自始至終地存在，當這些自始至終的存在由特定的機緣顯現時，就在外部表現出時間順序的次第發生。意的運作是超越時間的，說時間是個幻象，因為內是沒有時間的，而外需要幻象的支撐，所以外才會表現出次第與先後。

說回到太極拳，當對手發起進攻的同時，在彼此的內部，也就是意的層面，已經產生了結果，這個結果是對手發起攻擊的這個外緣使本就存在於內的結果展現出來，這個結果就是對手的失敗。因為對手的主動攻擊必然是破壞平衡的行為，那麼為這個平衡的破壞負責的只能是他自

己，所以這個結果就是他必然的失敗。所以「彼微動，己先動」所表達的意境是超越表象的，彼的微動是受外部因果鏈條的限制和時間空間條件限制的，而且微動後他並不知道下一步會發生什麼，也更不可能知道是什麼結果。而我的先動，是因為遵循了內、也就是意的運作，其結果就是結局在對手意料之前就顯露出來了。原因與結果同在，而答案就是問題的本身，不僅太極拳如此，萬事一理。

在我們沒有真正理解「彼不動，己不動，彼微動，己先動」這句話所描述的內意層面時，我們一定仍然是手快打手慢，有力打無力，至多是在外部的層面，透過「打熟」總結出一些看上去好像是「四兩撥千斤」的技巧，其實沒有本質的區別。

所以既然稱自己為內家拳，就要真正去練內，這個內，還是對於意的覺知。這需要極大的努力，更需要極高的悟性，而所謂悟性高低的真正意義，在於渴求知道的程度。不知道「太極拳十年不出門」這句話出自於哪個先輩大師，但從悟性方面來講，更確切地說，應該是「太極拳十年不入門」，入門了也就是上了正軌，也就是內家了。十年不出門太可怕了，沒有人蠢到練這個東西，真的耽誤不起。在我們普通人的理解，「出門」無非就是去打架、去比個高低，打架和比高低很簡單，任何一個門派的拳術都能夠保證刻苦三個月，上街就敢出手，見血頭不暈。「出門」打和比都沒有關係，只要儘量別忘了「入門」這件正事兒就好。

如前所述，以儒釋道為代表的中國傳統文化早已經由

格物致知及內省自知，而洞徹了天地萬物之理，了然了天人合一萬物一體的最高智慧，而太極拳等內家拳正是以這種智慧為基礎，由肢體表達著一陰一陽的內外通達。當我們現代的太極拳研究者還在努力地去迎合西方原始的初級的物理力學理論以及用以研究死人的解剖方式，西方人早已開始從古老的東方智慧中尋求幫助，重新認識和選擇內在探索之路。

從弗洛伊德與榮格等心理學家從催眠心理治療意識到潛意識的重要性開始，西方對於潛意識的研究得到了快速的自由的發展，更隨著不斷與現代心理學、生物學、天文學、量子物理學，以及宗教和東方神祕主義的互相比較參考，其對於宇宙及自身的認識也越來越與東方的古老智慧相合。西方是講究實用主義的，而正是這種現實的出發點更使得西方在內在探索中始終沒有離開實踐，說白了，就是內在的探索和修練到底會如何影響我們的身體健康、心理健康、伴侶及財富等現實問題。這種實實在在的追求說明了兩個西方和東方都應該重視的問題。

一，現代科技的發展沒有從根本上解決人類最深刻的困惑，因為其缺失了最重要的內在核心部分。

二，一切內在的修練，必須能夠運用到最現實的生活面貌的改觀上。

正是出於現實的需求，西方對於潛意識的探索延伸到了健康、財富、快樂等方方面面，從而也形成了很多萬變不離其宗的理論，「吸引力法則」就是其中最典型的例子。根據吸引力法則，我們生活中的所有細節都是我們自

己「吸引」來的，而產生出這個「吸引力」的就是我們的念頭與想法，並且這個吸引力法則是宇宙的中第一法。

所以，對於生活中一切快樂與痛苦的遭遇，都只能由我們自己負責。佛在《法句經》中說：「諸法意先導，意主意造作。」

1912 年，美國人查爾斯·哈尼爾出版了他的《THEMASTER KEY SYTEM》，也就是中文翻譯的《萬能金鑰》或《硅谷禁書》。在這本書當中，哈尼爾試圖向人們傳達如何透過思想和潛意識為我們帶來現實的財富，並且設計了一系列相應的訓練課程。據說比爾蓋茨讀過這本書後退了學發了財，據說這本書因為其「洩露天機」而被宗教界嚴厲禁止發行，據說當時這本書被控制在了華爾街的幾個大佬手裏，也正是這些「據說」使其得了「禁書」的名號，更添了許多的神祕色彩。

其實這些關於這本書的傳說確鑿與否並不重要，重要的是，在這本書中，哈尼爾闡述了很多對於當時的西方人來說，的確是非常震撼和具有吸引力的理論。他在書中的第一章就說出「多者愈多，損者愈損」「一切外在的都來自於內在」「外在的一切可見，必須首先內在建立出形象」等話，前者出自耶穌的言教，後者就是佛家的「萬法唯心，一切為識」的白話闡釋。需要指出的是，萬法唯心與唯心主義毫不相干，不僅是因為對於「心」的定義不同，更因為後者是建立在自我分裂的假設之上，而前者則是「心物一元」的客觀表達。

但是，對於潛意識的多樣探究，對於「吸引力法則」

的不同闡釋，使勵志式的「心靈雞湯」滿天瓢潑，各種勵志演講與書籍鋪天蓋地，以至淹沒了真正智慧的「滿天花雨」的清香。「態度決定一切」「心有多大，世界有多大」「活著就是為了改變世界」等「心想事成」的極度煽動，的確給許多人帶來了短暫的慰藉。但少量的雞湯的確有助於重病康復，如果用做身心的沐浴，除了油膩的感覺更易留有揮之不去的腥臊。所以會有群情激奮的傳銷，會有換妻俱樂部式的靈修。

　　首先肯定地說，西方的心靈勵志所闡述的原理沒有任何錯誤，但吸引力法則和心想事成，只是一個客觀描述，不是一個透過努力才能擁有的能力。現實是，我們時時刻刻都在用心做事，也用態度決定著自己的一切，也的確活在自己心中的世界裏，並且時刻塑造而不是改變著世界。因為要改變世界，需要明確知道把世界往什麼樣去改變，想知道一切到底是怎麼被決定的，首先要知道自己的態度是什麼樣子，想由心的大小確定自己世界的大小，起碼要知道「心」在哪兒吧。這些就是佛家說的「明心見性」「悟後起修」。

　　船的確是度人的工具，但過河之前的任務是首先要找到船在哪兒。所以，我們發現勵志式的心靈雞湯除了給我們短暫的興奮，幾乎不會為我們的生活帶來任何實質性的改變。我們如果連內在都沒有看到，又怎麼能去利用它去改變外在，這也就回到了我們最核心的話題，知，無論是什麼訓練其核心都是要得到這個「知」。

　　一些心靈雞湯式的宣傳中的確也說到了瑜伽以及靜心

等手段，但他們宣傳的每天幾分鐘的靜心就足夠，作為啟蒙式的吸引無可厚非，但事實上卻是絕對不可能的。這就是知其然，不知其所以然。不是要糾纏是是非非，引用這麼多西方潛意識和吸引力法則的論述，是為了幫助我們理解，內家拳的內、內家拳的意是什麼。

四、勁力與精氣神

理解了什麼是「內家」與「意」的概念和運作方式，也就能夠更好地理解拳術中所說的「勁」。簡單地說，「勁」就是「力」與「意」的運用與展現。

練太極拳的人，對於「太極勁」這個詞不僅再熟悉不過，更經常被同道相互指摘，否定彼此的勁不是太極勁。太極勁這個詞給人的感覺是琢磨不透、模稜兩可的，到目前也沒有人說明白，掤、捋、擠、按、採、挒、肘、靠，是八種手法還是八種勁法。

說是手法，在表述時總會在後面加個勁字，說是勁法，每家都是自己一套固定的姿勢，等到推手比賽或實戰時，所有的手法勁法結果又都成了說法而已。更有專家在分析太極勁時，竟總結出二十四種之多，連「懂勁」「聽勁」「走勁」等都成了具體的勁法。

這些研究與總結，彷彿不是為了給習練者一定幫助，更像是要把人儘量搞糊塗，讓人如處雲裏霧裏無所適從。而人們彷彿特別樂於研究這些越研究越讓人糊塗的越脫離實際的理論，好像只有這樣才能給人以研究學問的感覺。

真是人之為道而遠人。

所以說，「勁」不過是「力」和「意」的運用與展現。在粗淺的層面，力產生於肌肉的收縮，這時候的勁，就是對於這個肌肉力的運用。

以拳術之外的事情舉例，木匠能夠輕鬆乾脆地把一枚長釘一下子錘進硬木而釘子不彎；泥水匠能將一鐵鍬濕泥輕輕揚上屋頂，而另一個人能夠把這鍬濕泥用鐵鍬接住而絲毫不撒；麵點師傅能夠將一塊麵拉成細如頭髮的千絲萬縷而一根不斷等等，這些在平常的生活中舉不勝舉的場景，都完美地體現出了力的運用。

這些各行各業的行家裏手也許並不知道掤、捋、擠、按，或者採、挒、肘、靠，但他們卻真實地展現出了熟能生巧的力的運用，用一個妙字，告訴了我們「勁」與所謂「拙力」的區別。

「勁」就是為了特定的目的，將力量運用得無論是大小、方向、還是大小方向之間的轉換都極度的協調完美。所謂拙力，很明顯，自然就是大小方向無法控制，周身配合不協調的結果。

如前所述，太極拳練的是了了分明的覺知，這份覺知的培養，是由外而內逐漸深入的，而這份覺知的運用，則是由內而外的發散。隨著覺知的逐漸深入，「勁」就會從「力」的運用逐漸發展成為「意」的運用與展現。當外界的刺激出現時，平時用各種細膩的感受在潛意識層面建立的反應機制就會應感而發，且根據不同的情況自然產生出不同的效果，這就是「勁」，有了這個層面的「勁」，才

談得上用「靈感」贏了人。

「勁」不僅僅體現在搏鬥打人上，如京劇演員的神氣、舞蹈演員的范兒，甚至人們在生活中看到屏幕上的明星時所感嘆的那種明星氣質，都是「勁」的一種體現。不怒自威、化解衝突於和顏悅色與輕聲慢語，都屬於這個「勁」的完美運用。

覺知度的增加，是涵蓋範圍的擴大，而不是界線分明的分裂。我們俗人對待不理解事物的方法是對抗與牴觸，而聖人們一定是先下兼容，一切殺、盜、淫、邪，聖人們一定是理解的，所以聖人們的情緒叫慈悲，我們俗人的叫怨恨。

在覺知範圍擴大的同時，也必是向小範圍兼容的，所謂「力」，就是淺層的覺知所能感覺到的東西，「意」則是深層覺知所能感覺到的層面，覺知到的東西越來越細膩越來越精微。所謂功夫的高低深淺，其分別在很大一部分程度上就是，表現「勁」時所利用的原料是粗淺的「力」，還是越來越精微的「意」。但這個覺知始終是一，所以「力」的運用一定不是「意」的運用，而「意」的運用一定涵蓋了「力」的運用，畢竟，「意即是力」。

談到中國武術，特別是內家拳，誰都會感覺其中門道說法特別多，中醫書畫等亦復如是，比如對於精氣神的闡釋就是其中之一。

說實話，精氣神的各種理論，跟其他很多模稜兩可的說辭一樣，真的已經給中國文化從武到醫等各方面，都帶來了極大的混亂和困擾，彷彿不用先天的口水、後天的精

液，和著元氣、宗氣、衛氣、營氣、屁氣，與元神、谷神、出神、跳大神等這些剪不清理還亂的名目詞條熬成一鍋令人無法下嚥的粥，然後整天含在嘴裏，都不好意思跟同行們打招呼，更不知道如何去敷衍弟子隨眾。

在這些令人無所適從的各種門道說辭面前，平凡是真，大道至簡，彷彿都只是引誘有理想有追求的善良人的招牌和廣告語，待人走近了才發現自己正逐漸被數不清的神棍神婆，用紛亂如麻的各種門道進行著從肉體到精神的無盡折磨。但所有的受害人卻又彷彿上了一條永遠無法拋錨的賊船，於走投無路之中，只能選擇自我欺騙並為虎作倀地與這些玩弄自己的人繼續去折磨和玩弄不斷新上船的人。將所謂的精氣神所涉及的一系列概念及定義一一羅列出的各種著作可謂汗牛充棟，真不知道其意義何在，但其效果卻顯而易見，不過是用自己的糊塗把別人全搞糊塗，然後大家一起用自己博學多識的糊塗，互相勸慰道，「難得糊塗」。

先談談神吧，因為如果「神」的東西都能聊明白的話，剩下那些「不神」的也就自然迎刃而解了。如果說在拳術中，勁是力的運用與展現，是力的表達，那麼人包括言談話語、舉手投足、喜怒哀樂及一切生命活動，就是在表達和展現整個生命，這個總的展現和表達，就是神。簡單地說，神是生命的體現，如蠟燭上的火光。《素問・移精變氣論》中說：「得神者昌，失神者亡。」沒有生命跡象了，就是死了，就是這麼簡單。

《說文解字》當中說：「神，從示申。天神引出萬物

者也。」「申」是天空中閃電的形狀,「示申」,就是透過申、也就是閃電來展示和表達。閃電是天空中的一種自然現象,也就是自然界表達自己的一種方式之一。「天神引出萬物者也」,講的是天地自然由展示自己而引發出了萬物,或者說,萬物的生滅也正是這種展現的具象形式。《易經說卦》當中說:「神也者,妙萬物而為言者也。」表達的也是同樣的意思,自然萬物之妙,不過是天地在「為言」、在展現與表達。所以耶穌說,人是上帝唇邊的笛子。人也是萬物之一,人的活力,同樣是神、也就是表達與展現的一種形式。

如果說,人的生命力是神的一種形式,肯定又會惹來不少的麻煩,我們立刻就會在頭腦中創造出人格化的形象,然後演繹出千奇百怪的說法。換一種說法,人的生命活動,就是生命展現與表達自己的一種形式,應該副作用小點吧。誰知道呢,據說某些感冒藥都被癮君子買來進行加工提煉了,自身的境界與追求決定了對客觀的形式與工具如何進行利用。

《孟子》說:「聖而不可知之謂神。」當這種展現與表達錯綜複雜、玄妙到人們無法理解時,神就會逐漸被人們人格化,因我們的理解而具有了人類或類人類的形象。於是風啊雨啊等自然的各種展現方式都有了人格化的代表,就是風神雨神河神海神什麼的。我們世間把各種技藝高超的人也稱為神,也是因為他們的展現與表達絕妙美好,舞跳得好的叫舞神,歌唱得好的叫歌神,飯做得好的叫食神,習練太極拳等武術的,當然希望自己成為拳神。

而人格化的神祇能放入神侃（說話不著邊際），但那卻是死的象徵，神，本是活力的展現與表達，想成為拳神的，首先不要把自己練死。

　　那麼，在中醫裏，神同樣是生命力的表現，所謂神足，無非是生命力鮮活。在武術中，神就是心意與肢體的運用，運用得妙時，也就「階及了神明」。所以說，神不是一種物質，不是可以藏在身體某個部位裏的東西，而是物質的體現。

　　簡明地比喻一下，人如果是蠟燭，燭火就是神，只要火還著著，就是人還在展現著自己，說明蠟燭的機能還都在。有燭有火就有生命，火苗大就是神足，火苗弱就是神疲，斂神當然就是省著點用別浪費。而人死如燈滅，就是說神，也就是那個展示，沒有了。另外，既然「神」是生命展現出的部分，那麼沒有表現出的，還在內部運作而不被人察覺的部分，當然就是「鬼」了。

　　如果說神根本就不是一個對於具體物質的概念，而只是對一個現象的描述，那麼精氣二字，也就好理解了。有人說，精氣神是中國哲學的主要概念之一，這種說法不過是推理式的臆測，而推理和臆測，恰恰破壞了中國文化的意境。真正的中國文化從來就不會、也沒有給任何東西下過定義、給過概念，中國文化中所有的描述，即使是用下定義的語氣和格式，也都是比喻的、啟發的，都是在由感覺或意境來表達和傳遞天地人之和諧與美。與禪宗教誨一樣，中國文化也是指月之指，本不是讓我們去研究手指，而是期待我們能夠由指點發現並感受到生命那皎月般的光

芒。不認真感受其中的字句，就錯過了，但如果太過認真而執著於文字，後果則不僅僅是錯過，而是永遠失去領悟生命的可能性。

《說文解字》解釋精字為，「精，擇也」。就是挑好的嘛，所以人會食不厭精。從物質中提取出來的純粹東西就是精華，水和米能釀出酒，把酒再提煉，就是酒精。人堆裏挑出來的，就是菁英，也可以叫作人精。那麼不用像女媧一般搏土造人，更不用從身上取根肋骨什麼的，就這麼一點點液體，竟能創造出人，那當然叫精液了！精，就是對於好的東西、凝練東西的形容與比喻。所以漂亮的叫精美，聰明的叫精明，技藝玩得好的，就叫精妙。

氣字在《說文解字》中的釋義為，「氣，雲氣也」。用氣字解釋氣字，這不是沒說一樣嗎！注意，這就是我們現代人典型的思維方式，之所以用現代這個詞，不用西方文化與東方文化的說法，是因為現在全世界都是西方，東方已經被我們拋棄得越來越遠，所以現在如果真要裝模作樣地搞什麼「文化比較」，更重要的是回溯式的比較，其中才會更有自省的意味。

話說回來，現代人真的很熱衷於「文化比較」，好像誰都能一眼看出東西方文化的差異，問題是看出來的差異，又必然千差萬別。真的有很多太極拳大師開始涉足了中西文化比較的領域了，其中的「樂」真的很豐富但其「趣」卻著實的乏味，且隨手摘錄一則頗具喜感的信誓旦旦的「比較成果」，說，「改變自身重心狀態是太極揉手技擊的核心理論，是東方文化與西方文化的最大差異之

一」。這種言論，不要說研究，便是懷著尋求啟發的一線希望去品讀，也是徒然的浪費生命。這根本就不是斷藥或停止治療的問題，這根本就是沒藥可治了。

前面說了，我們現在的人根本就不具備旁徵博引的能力，我們所謂的旁徵博引不過是堆砌一些雜亂且無用的數據和資料。而且從這種堆砌中一眼就能看出，還不要求心裏血液裏，就這些比較者手中眼前的資料都極其有限，因為如果真的要進行比較，光資料數據的蒐集工作之繁瑣艱苦已絕非常人所能想像。

老子早說過，「天下皆知美之為美斯惡矣」，一言以蔽之，要說的其實就是「比較是魔鬼」。比較，是我們毀滅世界和自己的方式，而用這種方式是不可能理解中國傳統文化的，因為中國傳統文化的精髓是在差異中看到同，於紛繁中感受到簡，藉著覺醒自己而體會到萬物的一體。這就是為什麼我們越是把自己打扮成過時的、古董級的、一看名字就能感受到其卡通氣息甚至是無厘頭的「賽先生」，就離我們自己中國傳統的文化越遠，離真理越遠。

平心靜氣接著說氣。「雲氣也」，說的是雲向上升騰的景象，描述的是一幅充滿意境的畫面，是用氣一個字傳達那種升騰繚繞、瀰漫四達的狀態。精字也好，氣字也罷，的確是在《黃帝內經》中出現了很多次，但絕不是希望我們一廂情願地將這些字進行分類整理，統一加以概念化、系統化，而是在每次出現中，都營造出了當時最需要表達的意境。當我們失去感受這些意境的機會後，機械的概念化與系統化產生的結果就是使情況變得愈加的紛繁複

雜，於是有了這個氣那個氣，這種精那種精。

精氣神無非是對於人的生命不同層次的狀態，進行由淺入深、由粗到精，由微到妙的一種描述。所謂「練精化氣，練氣化神，練神還虛」的說法，最簡單地說，也無非就是對於自己的身體和生命的覺知越來越深入、越來越細微，是某些個體的修練者對於自己親身體驗的描述。這種描述，只具有方向性的啟發，但絕不是明確的系統次第。還是那句話，不認真不行，真認真了就完了，中國的文化，是要「得意忘形」的。

「天有三寶日月星，地有三寶水火風，人有三寶精氣神」這句話，不知是哪位古人說的，但可以肯定這絕不會是真正的得道高人的論述。因為這種「三寶諺語體」，只有本山大叔級別的藝術家才能夠創造得出來，基本格式就是「東北有三寶，人參、鹿茸、烏拉草」。據說後來東北的這三寶中的最後一個改成了「貂皮襖」，真事兒，真不是評委不可靠，而是名額太少了。

同樣，人又何止三寶，難倒有了精氣神其他的東西就能都不要了！這個榮譽的寶座看來不如輪流坐，今天給精氣神坐，明天讓心肝腎上，後天就輪到脾胃腸，多皆大歡喜。現在空間攔不住人的視野了，試看，地球上其他沒有精氣神概念的民族和地區的人，其身心健康發展的，也都散發著活力四射的抖擻，反倒是我們天天疑神疑鬼般玩弄這個精氣那個神的，恐怕遲早會把自己所有的精氣神都消耗在「精氣神」上。

中國傳統文化用現代的話來評價是即文即哲，文哲不

分，因為中國傳統文化是在由感受生活來體會天人合一的和諧，而現代人的觀念和態度則是用解剖死人得到的結論來指導活人的生活。所以現代的哲學就是哲學，文學就是文學，哲學的語言必須精確嚴謹，而中國傳統文化會將天地生命的真理用詩來表達。

我們可以透過定義、概念和推理來理解哲學，但品一首詩，不是要去對其文字進行系統化分析，而是需要用心體會其所營造出的意境。

中國人用詩的意境來闡釋我們所謂的哲學，因為生命本身就是詩。對於這種表達的方式，需要的不是分析而是領悟。意境是表達整體的最佳方式，而任何的旁枝末節都極易造成片面的理解。

所以在中國傳統文化的各大經典中，大部分都是在闡述萬物的原則原理，而很少或幾乎沒有具體操作層面的詳細講述，或者說中國傳統文化注重的是認識，而不是方法。這種態度對所有的具體學問都有著指導作用。王薌齋在自己的拳論裏也說：「所謂法者，乃原理原則之法，非枝節片面之刻板方法以為法。」

所以即使是拳經拳論，所闡釋的也大多是理，而不是術，不是具體的手抬多高，腳放何處。因為真的明瞭理，手抬多高都是對，腳放哪裏都合適。

就拿王宗岳的《太極拳論》做比方，通篇看下來，沒有對任何操作性的細節問題做出講解，但其中的任何一句話卻彷彿放到拳架中也對，放到推手訓練中也對，對所有的方面都有啟發，這就是理，一貫之理，這也是中國傳統

文化的高明之處。但高妙之理，與片面的頭腦相遇時，最易產生的，就是無奈與尷尬。

「動之則分，靜之則合」，是對於一切拳勢動作規律的提煉和總結，在動靜之間，不僅全身各部位必然協調統一的開合，更深層次，其源頭則是心念的動靜開合。「仰之則彌高，俯之則愈深，進之則愈長，退之則愈促」，則揭示出覺知的範圍瀰漫前後左右、四維上下。片面不是錯，其弊端是錯過了更重要和更關鍵的，如果單純把「動之則分，靜之則合」理解為具體的「開合勢」，把「俯之則愈深」理解為具體的「下勢」，把「進之則愈長，退之則促」簡單地理解為推手的進逼與退讓，把「獨立守神」解釋成站樁甚至創造出所謂的「獨立守神」樁，就如同把和氏璧砌進豬圈，不能說沒用上，用得太不恰當。

「獨立守神」之獨立，在修行的因地是「君子慎其獨」「戒乎其所不睹」，在覺悟的果地則為回歸整體、超越三界的「獨立不改」，而在這因與果之間，就是「守神」，也就是自我的覺知。

現在，我們習慣把形容和比喻性質的詞句看成是附屬的，或是虛的，但在中國傳統文化的經典之中，正是這些不被我們重視的形容和比喻才是對於生命真實體驗的表達。有就是無，虛就是實，《太極拳論》中有「一羽不能加，蠅蟲不能落」的句子，我們都很容易簡單地解釋為敏感性訓練很重要，之後就一帶而過，其實，就是這句形容與比喻，才正是太極拳訓練中的具體內容。

做法就是，在太極拳訓練中將「一羽不能加，蠅蟲不

能落」這句話所描繪出的意境，在頭腦中真實地顯現出來，然後去真正體會這個意境所引發出全身的感受。

如果我們覺得顯現這個意境非常的困難，甚至可以真去找一根羽毛，體會到底需要怎樣的覺知才能察覺到這一根輕輕的羽毛落在了衣服上。而人是整體的，所以在我們感受覺察到這根羽毛後，全身的內外都一定會發生相應的變化。所有這些由淺入深，從細到微的感受和體會，就是我們覺知力的不斷增強。這些才是我們訓練覺知的核心技術，站樁功中的「意念活動」，是同樣的道理。

習練中國的拳術不僅需要勞其筋骨，研究中國傳統文化也不僅需要寒窗苦讀，更重要的是需要動心忍性，需要用心去領悟。因為心是一切的源頭，心意一體，而拳術之神就是用肢體來表達心意，所以說意即是力。

五、不得不提王薌齋

「意即是力」這句話是王薌齋先生提出來的。如前所述，以太極拳為代表的中國內家拳的核心，就是對於「意」的修練與運用。而且提到這個意字，便不能不提王薌齋先生，不僅僅是因為王薌齋把自己的拳冠以意字，更是因為他獨到的高遠見地。說實話，「大成」之名真沒有這一個「意」字有意境和味道。王薌齋的本意一定不在開宗立派，只不過是用自己的理解和表達，強調了被人們忽視的和不理解的。猜想就是把他的拳稱為王式太極拳，老先生也不會有什麼意見的。

王薌齋先生給人印象最深的方面就是，他的拳論是完全用自己的語言表達出來的，而不是死板地引經據典，從這一點可以說在他之前的數百年和他之後到現在，都沒有人做出過更加深刻且活潑生動的表達。他並沒有創造什麼，誰也不可能創造什麼，王薌齋的「矛盾」與「順力逆行」就是對於一陰一陽出於不同角度的闡釋。

在世人眼裏，王薌齋是創了新拳，而事實上，王薌齋只是將內家拳的原理與訓練方法做了提煉性的歸納總結。這裏的歸納總結不同於我們理解的書面筆端參考和比較，而是身體力行之後的融會貫通，終於利用框架而超越了框架，用死的東西，活了自己。

王薌齋拳學訓練體系的「七妙法門」，其實不僅是對於內家拳原理與訓練方法精華性的凝練，也揭示了學習和成就所有技藝的原則。

孔子說「述而不作」是對於每一個達成者的描述。整體「不生不滅」「不增不減」，所以不可能作，八萬四千的法門，不過都是對整體的表述。只有每一個是了的，而不是正在是或將要是的，才有能力用自己去闡釋真相，王薌齋先生可以用自己的話來闡釋，因為他是了。是與不是，界線分明，即使騙的了人，也無法自欺。往高了比喻，如兩個修行人由一條結冰的大河向智慧的彼岸行進。也許其中的一個人因為聰明、勤奮且悟性高，遠遠將另一個人甩在後面。但無論誰走了多遠，也不管彼此間的差距有多大，只要沒有人真正登上彼岸，所有人的處境就是完全相同的，只要冰面破裂，還都是要掉下水。

這個登上彼岸，就是修行中的「頓悟」，是質的改變，而冰面的跋涉就是「漸悟」，是量的積累，雖然這個積累是不能保證質變的。在拳學和所有的學術中，這個登上彼岸，就是平時說的「捅破了窗戶紙」或「登堂入室」，之前無論付出多少努力，都是具有盲目性的準備，不保證開竅。說到內家拳，如果沒有體會到、感知到、碰觸到大腦意識之後的內在，就永遠只是所謂的外家，仍然是片面的和分裂的。

提到王薌齋，立即使人想到站樁。叫意拳也好、大成拳也罷，雖然都是後輩們的利益之爭，卻也是人家自己門裏的事兒，跟旁人沒多大關係。但旁人都知道，這個拳的主要內容，就是站樁。

王薌齋把站樁——這個中國武術訓練體系裏一直就存在的內容，提高到了前所未有的位置，緣起於他對中國傳統文化的真實體認與深刻理解。

王薌齋先生對於站樁最精闢的闡釋之一就是，「大動不如小動，小動不如不動，不動之動才是生生不已之動」，這句話就如武禹襄的《太極拳論解》中的那句，「彼不動，己不動，彼微動，己先動」一樣，怎麼琢磨都不對勁，但越琢磨就越能於不對勁中品出味道，到底是什麼味道，又說不清道不明，只有在陣痛般的興奮中，如噎如梗。

雖然也有薌齋先生的弟子總結其為，「於不動中求速動，於無力之中求有力」，但到底怎麼求又為什麼能求得來，還是讓人感覺模稜兩可，終於算作了留給從學者自己

去領悟的課題。畢竟，不動與動，無力與有力，在我們普通人的思維之中，的確很難在這兩個極端之間建立起一目了然的聯繫。

常人理解，人不動，力量從何而來，每天不做百十來個俯地挺身，誰又有信心去參加現在的推手摔跤比賽。還有解釋說，站樁雖然沒動，但經由時間加角度對於肌肉骨骼進行了鍛鍊，於是站在那抓腳趾頭，擰手腕，渾身較勁。記得《駱駝祥子》裏虎妞經常這麼罵祥子，「你個臭拉車的，不出一身臭汗心裏就不舒服是吧！」

不理解沒關係，人都會折衷，當然這種折衷與中庸之至理毫無相關，只是一種心理上的討價還價。折衷後的說法被當作拳學研究的重大成果說了出來，就是「大動不如小動，小動不如蠕動，蠕動之動才是生生不已之動」。說不是徹底不動，是肌肉氣血在看上去靜止的狀態下，在蠕動，就如同春天土裏的蟲子，生生不已。雖然聽上去也不無道理，但老感覺理沒得而心未安，如同「一直在開會」或「手機沒電了」一類的謊言，不可能徹底解決男女之間打著忠貞不貳旗號的偷雞摸狗。蟲子的蠕動確是生生不已，但蟲子蠕動一輩子也跟速動沾不上邊兒。而且正是因為不動，人才能感受到肌肉氣血的蠕動，自己刻意做作去蠕動的，很可能是皮膚病造成的。說到底，蠕動的哪裏是蟲子，不過是我們心裏的懷疑與躁動。

王薌齋先生說得很明確，不動就是不動，而且說得沒有任何錯誤，必須不動，因為所有的奧秘就在這不動之中。世界上最簡單的動作就是保持不動，但就是在這看上

去不動的靜止當中，一切仍還在運動。我們可以停止身體的位移，停止肢體的動作，但卻無法停止呼吸、無法停止心跳、無法停止新陳代謝及氣血流動，在這些我們無法掌控的運動背後，就是我們生命真正的動力。

我們一直有一種錯覺，就是我們是身體的主人，我們可以對其進行自由的控制。但事實上我們能夠控制的只是非常小的一部分，甚至這看上去彷彿是我們所能控制的部分，其實也是我們被另一個力量控制驅使而做的。我們餓了會去吃，渴了會去喝，我們冷了穿，熱了脫，情緒來了要彼此安慰或自慰一下，所有這些都是我們被這種力量控制與驅使的結果。

也許我們的控制範圍就是，決定吃這家的鹵煮還是那家的涮羊肉，喝農夫山泉還是可口可樂，睡自己家裏的男人女人，還是睡別人家的男人女人。但甭管吃的是幾塊錢的泡麵還是幾千塊的龍蝦，喝的是二鍋頭還是軒尼詩，過了嗓子眼就不歸我們控制了，無論你睡的是自己人還是外人，之後的恩怨糾葛就不是我們能控制的了。

食物進入體內如何消化，如何分類，如何分配營養，如何排除毒素，都不是我們能夠控制的，我們甚至也從來沒覺察和關心過這些過程。因為這些事情太複雜太精密了，我們沒有這個能力，如果我們試圖去干涉，只會造成混亂。吃得消化不良甚至食物中毒，喝得臉紅心跳或嘔吐斷片，都是我們掌管的那一小部分出的毛病，身體難受，說明就這麼點事我們都沒能力幹好。

由於我們所有的干涉都只會製造混亂，所以像消化、

呼吸、心跳等不能出任何差錯的部分，都是由另一個力量在掌控。但問題是我們不僅錯誤地認為自己能夠控制自己，竟然也將這愚昧的無畏延伸到了外界。搭了幾棟樓，挖了幾條河，往天上放了幾個大號的炮仗，我們就開始覺著能夠控制世界干涉宇宙了。這情形就如同一群自認為強大的螞蟻，從人類的別墅裏搬了幾天剩飯粒兒，就認為已經接管了整個建築。那只是房主沒騰出手來，機會一到，隨便噴點藥倒點開水，幾分鐘之內就讓蟻群的國際化大都市成了福島。

環保主義者的出發點和所提倡的生活方式是值得肯定和推崇的，因為我們的愚昧導致的暴殄天物，使我們忽略以至侵害了有靈萬物。我們的確要立刻停止破壞環境、污染河流，重新找到對自然的敬畏之心。但我們能做的至多也就如同是把自己的家裏收拾俐落，外面真要打仗了或地震了，我們怎麼收拾屋子也無濟於事。

每當人們宣傳自己在毀滅地球時，都讓人有太過自以為是的感覺，俗話說，就是太拿自己當回事兒了。就如同現在的某些不是自賤就是別有用心的中國人，非要把整個人類的屎盆子都往自己身上潑。明明全世界的人都在闖紅燈過馬路，卻非得將其專利為「中國式」。接送孩子上下學時的交通狀況也不只是中國某些大城市的專利，就在地廣人稀的澳洲，在如雪梨墨爾本般的城市裏，家長接送孩子的車被罰的款，已經成為某些區市政府的可觀的收入來源。更有某些人恨不得頭天新德里公車剛發生了輪姦，第二天就把它冠名為「中國式公車」。

見過自然界力量的都知道，人的那點活動，在天地宇宙之間算不得什麼，隨便什麼水火風災，片刻就能把人類的那點活動痕跡一掃而空。人類連一輛汽車都剎不住，宇宙內各星球間的平衡又豈是我們所能夠擾亂的。我們不曾見識宇宙的生，也阻止不了它的滅，同樣也干涉不了它的運行。自信可以，自戀和自大就是愚昧了。全球變暖？什麼東西連續轉了四十多億年，還不產生點熱量。

我們無法停止呼吸心跳，就如同我們無法停止日月交替，無法停止波起潮落，即使我們可以設法暫時地阻擋河流，我們卻永遠也不可能改變水入汪洋的夙願，這些表層之下，就是驅使萬物的動力。

我們的生命和萬物的運動背後，是同一種力量在起作用，也就是說，我們的心臟跳動與血液循環，和樹木的細胞分裂與液體流動，都依賴著同一種動力。這就是宇宙天地的動力，這種力量不僅可以使人生讓人滅，還可以變桑田為滄海，變陸地為海洋，讓地下的火噴湧，使地面的水氾濫，這種力量可以毀滅或誕生一個星球，這種力量可以從一個無當中，瞬間爆發出一個宇宙。

對於這種力量，我們無法控制、無法干涉，但我們可以去感受、去發現、去利用。我們如此脆弱如此渺小，是因為我們離家太遠而人單勢孤。但當我們開始去感受這個力量並開始與之和諧，就如同一滴水有了海洋般的靠山，回家，就是再次與整體建立起聯繫。

站樁，就是為了感受到這個力量。這種力量不是肌肉纖維粗細與收縮快慢，或時間加角度的見地層面所能揣測

的。所以，王薌齋先生所說的「與大氣建立聯繫」「與宇宙起感應」等話語，絕不是雲山霧罩的空穴來風，而確是自己的真實感悟，而這個感悟，就是中國傳統文化的「天人合一」。縱然王薌齋先生並沒有在這個感悟中真正徹底地回溯到源頭，但方向絕對沒錯！

所謂「七妙法門」，指的是王薌齋拳學中提到的站樁、試力、步法、發力、試聲、推手和實作。我們一般人很容易將「七妙法門」簡單地理解為七種獨特的鍛鍊方式，或七套功法，但其真正的、深刻的意義卻要遠遠超出我們的理解與想像。

在這裏，王薌齋先生不是設計或者創造出什麼別具一格或獨樹一幟的具體動作和獨特方法，而是真正總結並揭示出了中國內家拳、或者說就是中國傳統武術的訓練體系，這是本質上完全不同的兩個概念。

試想王薌齋先生時刻都在否定片面的一招一式，時刻都在強調整體，那他又怎麼可能僅僅創造出新的一招一式，用新的片面來替換舊的片面。

中國武術一直頂著博大精深的帽子，披著神祕莫測的外衣，同時卻也帶給追求鑽研者一種神龍見首不見尾的無所適從。在中國武術傳統的教學體系中，最典型的就是將本門派的功法分為初級功法、中級功法或高級功法等幾個部分和階段。然後這些各個部分的組成經常是被介紹為，初級功法中包括哪幾套拳械，中級功法中又包括哪幾套拳械，到高級功法仍然還是幾套不同的拳械套路。令人心中最感到迷惑的就是，這些拳械套路的高低之分到底依據的

是什麼，難倒只是拳勢的多少，動作的難易，或套路編排的複雜程度？如果真是這樣，這種初級、中級和高級之分，與體操跳水的動作係數又有什麼區別。

更關鍵的是，當這些不同級別的部分再糅合上諸如「練精化氣、練氣化神、練神還虛」，或「易骨、易筋、洗髓」等模稜兩可的名目時，真的使人雲裏霧裏不知所措，不知是該敲了自己的骨頭還是該換了心腎。從某些角度來講，這些不知是否可以被稱為系統的東西，根本無法使學習者對教授者進行判斷，也很難從中理解教學內容的真實目的和意義。

這種所謂的系統不僅已經很難具有說服力，甚至已經給研究和習練者帶來了無盡的困擾。

所以，王薌齋拳學的「七妙法門」，是王薌齋先生對於整個中國武術訓練體系的凝練性總結，是王薌齋先生透過武學修練對於中國傳統文化的真實體驗和感悟。「七妙法門」絕不僅僅是一些特定的動作，就如王薌齋先生所說，「一切動作都是試力」，而不是只有「鉤錯、推拉、扶按」等動作才叫試力。「七妙法門」是總結出了一種原則性的規律和提供出了綱領性的指導，這個原則和綱領，其實適用於所有不同門派武術的學習，甚至是適用於任何一種技藝的修練。

從站樁、試力開始，一直到最後的散手實作，一步步，在既獨立成章又彼此配合之中，揭示了人掌握任何技能，以致於認識自己和外界的規律。我們說過，拳術之訓練核心，是培養或說是發掘出了了分明的覺知，那麼站樁

當然是步入覺知的最佳不二之法，是由「知止」，在相對靜止相對簡化的情況中來對自己的身心內外進行觀察和瞭解。如果說在站樁這種相對靜止的狀態下，發掘出的是自己在空間中的覺知，那麼試力就是將這種覺知帶到時間裏，而走步則是繼續向外延伸，在移動中維持、保持這種覺知狀態。

所謂發力，無非是這種覺知在外力影響下的瞬間的、猝然的改變，在外力的影響被自然解決後再次回歸原始的覺知狀態，就是所謂的「一發即止」。試聲，說的不僅僅是聲音，而是透過聲音、利用呼吸將這種覺知的狀態發展到無微不至，就如同飯後的湯，使食物圓滿至腸胃的邊邊角角，俗語叫「遛縫」。

如果稱站樁之後的試力、走步、試聲及發力等一系列訓練為「舉一反三」，那麼到推手的訓練，則是開始了「推己及人」。瞭解了自己之後，還需要瞭解別人，知道原來誰都一樣，所謂家家有本難念的經，無非就是心同此理。散手實作，就是在對抗狀態中全面地展現自己，這時候是什麼就是什麼，來不得虛假，再想什麼也沒用了，所以最好還是在之前的訓練中真的得了那份了了分明，才能在這個階段「從心所欲，不踰矩」。

王薌齋一定是了。當他在拳論中說出「全身能與宇宙之力起感應」及「支配虛空宇宙力」的話時，一方面一定會使很多人不知所云，另外一方面也會讓現代人感到震驚般的敬佩，因為王薌齋一定沒有聽說過潛意識或者吸引力法則這些名目。而一個人沒有用自己的身心真正體會到

「心物一元」時，又怎能說出「意即是力」的話。

　　現代心靈勵志所教導的心理暗示方法與王薌齋在拳論中對於訓練「意」所描述的境界比起來，簡直是小巫見大巫，毫不誇張的天壤之別。中國人的境界，早就一覽眾山小了，沒必要去爬別人家的土坡。

　　楊絳先生在百歲感言中說：「你稍有才德品貌，人家就嫉妒你排擠你。」那麼王薌齋之所以引發前所未有的爭議，自是情理之中了，更何況他勇於犀利的表達。王薌齋否定門派、否定師承、否定套路、否定之乎者也的牽強附會，其實並不是對於中國文化和拳學本身的否定，就如我們之前談到的，是對於其傳承者和習練者的誤讀和誤解的指摘與批評。

　　但何止拳學，世間一切學問都附加著更多的學術之外的因素，砸別人的飯碗，是最犯眾怒的。

　　其實很好理解，王薌齋所否定的陰陽五行與之乎者也，是在否定不明就裏的隨聲附和與人云亦云，而其對於門派和師徒的否定，則是提醒大家不要因為表面的名相而忽略了真才實學的實踐。而我們作為從學者和繼承者最需要留心的就是，避免將這些對於誤讀與誤解而進行的矯枉過正進行再次的誤讀與誤解。

　　比如我們之前所討論到的套路，王薌齋所否定的應該是教學中的機械性複製、對於套路的錯誤使用，以及一種固化的指導思想，但我們無法想像，如果王薌齋看到我們眾多的繼承者以即興的名義，在不同的時間場合一遍又一遍地重複著固定的健舞時，會有如何的感想。也無法想

像，如果王薌齋看到其部分後繼者又「創」出了有著各種稀奇古怪名稱的「新拳」時，又會怎樣的嘆息。

也許他不會有什麼感覺，因為一切都在意料之中，因為就連站樁、試力等訓練，也都從外形到內意形成了固定的動作模式。拳學是為了成就一個活生生的自己，不是為了成就一套健舞。還是楊絳老先生的話，「世界是自己的，與他人毫無關係」。

所以說，王薌齋的見地就是他的成就。他說：「不是一套一套謂之拳，不是打三攜兩謂之拳，而是拳拳服膺謂之拳。」拳拳服膺是對於自己身心內外每時每刻的把握，這本是孔子對於顏回的描述，顏回是孔子都自嘆不如的君子，而我們普通人，於拳於事，又有誰終於超越了一套一套或打三攜兩的境界。

如果這些還是普通人可以理解但無法企及的見解，那麼王薌齋的很多其他見地，估計就是他的追隨者也無法真正接受，他說：「習拳不盡在年限之遠近與功力之深淺和身體及年齡之高下，更不在方法之多寡，動作之快慢，輩分之高低。要在於學術原則原理通與不通耳。」輩分、年限、年齡與學術成就無關好理解，動作方法之快慢多寡要因人而異需審時度勢，這也好理解，唯不在功力之深淺之說，很難令習武人坦然接受。

「文無第一，武無第二」。只要是格物，涉及任何技藝，自然會談到成就。即使真的做到了不在乎他人的評說，真的超越了虛名和比較之心，但諸如「實踐是檢驗真理的唯一標準」的話，卻總是在內心深處蠢蠢欲動。功力

之深淺，也就是拳學習練的成就，這其中包括了自己練的像不像樣兒，更包括了用自己練得已經比較像樣兒的東西是否贏得了人。

誰拳頭硬，誰有發言權，是幾乎所有習武之人的共識。輸了手，甚至也就失去了發言權，哪裏還有探討，只有踏踏實實聽著。於是王薌齋「在於學術原則原理通與不通耳」的言論，也就很難被達成共識或產生共鳴，嘴上可以說是，但心裏不一定認同。但共識並不代表高明，世界沒有正確與否，一切不過是境界的高低。

贏人，的確可以從某一個角度說明拳學的成就，但如果陷入輸贏的糾結，就走入了誤區。糾結於輸贏的深層原因是，人總是由比較和挑戰企圖變成他人。

這個企圖表現在生活的方方面面，我們從不在意是否真的需要更大房子、更好的車或更高的社會地位，我們由挑戰去獲得這些只不過是出自與他人的比較，人總是想過別人的生活。

輸贏不是拳學的目的，如之前我們說，無論拳學還是其他技藝，最終的目標是要獲得知。格物致知，真明白了拳，也就明白了人生。人要由自己來明白天地，自己就是工具。高明的，自己就夠了，原地就行，稍遜一籌的需假以另外的工具，世間的學問就是認識自身這個「工具」，但也無需先變作其他人。

一棵小草與一棵參天大樹從表面上看是不平等的，無論從高度、深度還是堅韌度方面，小草永遠也不可能同大樹抗衡。但小草與大樹在天地之間各自起著不可替代的作

用，它們各自的存在就是理由，而這種不可替代的作用，正說明了萬物在天地之間存在著最深刻的平等。

無論小草還是大樹能夠接受自己並體會到自己的不可替代，能夠瞭解自己在天地間的作用，瞭解了這種平等，也就是達到了知。練得不是打三攙兩，而是「通於不通」。是個明白。通則不痛，不僅說的是身體，心裏真通了，也就沒了煩惱和焦慮。

《太極拳經》裏「失之毫釐，謬之千里」的話，說的是我們一直在錯過。錯過，就是對面不相識，擦肩而過，就是永遠抓不住關鍵，永遠合不上拍，永遠有那麼一點偏差。在太極拳習練中，肢體運動上的偏差，有些的確會造成比較嚴重的後果，但總的來說，由於太極拳的動作舒緩，傷害不會太大。所以真正使我們「謬之千里」，回頭都不是岸的，其實是見解上的偏差。

再借用一個禪宗的小故事。崛多，是印度的一位僧人，禪修功夫已然很高。當時印度佛教由於伊斯蘭教的侵入，已呈現出衰敗的跡象，而中國佛教正是蓬勃發展的時期，所以他「向慕神州」，遠涉流沙來到中國。

他「不問狄鞮，旋通華語」，是一位天資聰穎、見多識廣的學者。《傳法正宗記》把他排在慧能四十三位嗣法弟子的第一位，並稱之為「三藏」，說明此人非一般的高僧。「徑謁曹溪能師」，說崛多一到中國直接就去拜謁了慧能，之後「機教相接，猶弱喪還家焉」，崛多深得了慧能禪法的旨趣。

據《祖堂集》記載，崛多遊歷到山西省定襄縣歷村的

時候，見到了一位神秀的弟子。神秀就是當年寫出「身是
菩提樹，心為明鏡台」那首偈子的慧能大師的同學。神秀
的這位弟子正在結草為庵，一個人獨自坐禪。崛多就明知
故問道：「你這是在幹什麼呢？」這位弟子回答說：「看
靜。」說我在探尋清淨之境呢。

　　崛多立刻就問他：「看者何人？靜者何物？」問他到
底誰在探尋清淨之境，這個清淨之境又是什麼東西呢？這
位弟子知道來了高人，馬上起來給崛多行禮，並問道：
「您這話是什麼意思，還請明示。」崛多抱著一線希望再
次給他解釋說：「何不自看，何不自靜。」你應該探尋的
是自心呀，而自心本來就是清淨的呀！神秀的這位弟子還
是沒有明白，啞然在了那裏。

　　禪宗的目的本為明心見性，神秀這位弟子卻偏離了這
個目標而在各種虛幻的境界中打轉。同樣的情況也發生在
我們身上，我們很容易因為旅途中的風景而忘卻了目標，
或者說，從一開始我們就沒有搞明白自己到底要的是什
麼。太極拳中的差之毫釐，不僅僅是外在肢體上的不規範
與否，而更重要的是對於拳學的目的和訓練手段的理解。
失去了覺知這個目標，我們的鬆啊柔啊空啊，很容易成為
莫名其妙的笑話。

六、拳打千遍與辜鴻銘的背書

　　話說回來，還不要說明心見性這樣對於我們普通人來
說絕對虛無縹緲不知所云的目標，就是掌握世俗一般的技

藝，哪個能僅僅依靠一天幾分鐘的修練就能成功。優秀的魔術師為了完成一個紙牌動作，都要上萬次的重複練習，更有無數的運動員在每天上萬次的技術動作重複中，付出了傷殘的代價。

拳學同樣需要，或許說更需要超乎常人毅力的付出。據說，一個弟子向一個拳學大師略帶炫耀地詢問：「我每天至少八小時的練習，怎麼還摸不到門？」大師回答：「八小時？你應該一天二十四小時地在這件事上！」那些一手解密，一手發放小宇宙的大師們，你們一天訓練多長時間！所以佛家的六波羅蜜中，有精進一條。

意即力也，內家拳發現了力的源頭，其實，意是一切的源頭。但對於這個源頭的認識與利用卻需要艱苦的努力，《太極拳經》中說：「非用功之久，不能豁然貫通。」所以說心靈雞湯式的勵志與吸引力法則等闡述的原理沒有錯誤，但在實踐環節當中卻大多是想當然的成分。

現代心理學所說的潛意識是意識之後的一個表層，我們暫且用它來代表意識之後的全部，這個全部被佛家稱作阿賴耶識與藏識，裏面藏著我們的「業」，現代科學所說的「基因」就具有業的特徵。

在基因密碼裏，不僅確定了人一生會得什麼病，甚至確定了人是否有偷盜的傾向。就是命嘛，換個所謂科學的說法就變得容易接受了許多。

那麼，命可以被認識瞭解嗎？可以改嗎？可以呀，釋迦牟尼、老子、孔子及耶穌等做的都是這件事，而中國的傳統文化又被稱為「安身立命」之學。

事實是，這個命真認識瞭解了，同時也就改了。更事實的是認識了命以後，也就犯不上再改了，試想人醒了還會回到夢裏去修改不滿意的情節嗎？也許說深了。

　　為了認識這個命並將真相告訴可憐的人們，所有的聖人們所付出的代價是我們無法想像的。釋迦牟尼最終被捧上神壇，而耶穌則被殺死在十字架上，一捧一殺一回事，人們可以享受所有的痛苦，但絕不能容忍絲毫真相的存在，其實沒有哪個「失足婦女」願意被救出「火坑」。

　　原理說出來都非常簡單，也千真萬確的沒錯，但作為釋迦牟尼這些人都要經過多年的不懈苦行才瞭解的東西，作為我們普通人可能只要每天對著鏡子大喊三聲「你一定行」就能明白嗎？中國傳統文化一直強調「知行合一」，聽到了道理，最終需要身體力行。道也者，須臾不可離也，那麼身體力行也就同樣絲毫不可怠懈，佛家叫精進，拳諺則說，「行走坐臥，不離這個」，破除對於假象的執著需要有大執著。

　　所以，文化的衰落歸根結底是人的倒退，而太極拳等內家拳的以訛傳訛更是因為人的殆懈，可以評，可以論，甚至可以隨便罵，但前提是必須真練了。

　　一種拳術即使再優秀而不去刻苦練習也是毫無意義的，而因為妄想和空談造成的失敗與挫折卻要歸結到學問上，是荒謬的矯情。真理往往就流露自普通人的嘴裏，不止一個人說過，不管是站樁、套路還是單操，只要你真練，就都會有效果。

　　所以拳諺說，「拳打千遍，身法自現」。這個拳，不

光指套路，而是一系列系統性訓練內容，而千遍是個虛數，說的是有時間就練。而正是這句「拳打千遍，身法自現」，也同「讀書破萬卷，下筆如有神」等一起成了被質疑與攻訐的對象。竟真有拿出「學而不思則罔，思而不學則殆」的話來作為論據，但這裏的思，不是三心二意和心猿意馬，而是讓思和行完美配合，都集中在統一的點上，強調的還是堅忍。

也有借此來批評中國目前的教育體系，說「拳打千遍」般的死背書培養不出所謂的西方教育所注重的「創造力」。事實怎麼強調都不過分，現代的中國教育的確出現了這樣那樣的問題，但重點是這個出了問題的教育體系並不是中國自己的，而是有那麼一代被傳統滋養起來的中國人，在砸了自己的傳統之後像請神一樣從西方請回來的。本身不是自己的玩意兒，請之前也沒考慮是否適合自己的條件，最重要的是根本就不真正認識和瞭解，如同打著自由的旗號包辦了自己的婚姻，若不出問題倒真是不正常了。再說「創造力」，所謂創造，無非是頭腦中已接收訊息的重新組合，沒有輸入，怎麼可能憑空創造。

就說簡單的詩詞，在中國古代背書能背出李白、柳永、蘇東坡，他們的想像力、創造力，境界與意境今天還培養得出來嗎，不用回答，那才叫真正的高大上，現在的想像力也就是「清穿」配合著意淫的「撲倒」，然後就想和這個世界談談。

死記硬背沒有錯，現在的問題是，錯在背了毫無意義的東西，是死記硬背的內容造成了麻煩。

中國傳統的教育，當然也包括中國傳統武術的教學方式，用現代的語言來說，其實是最科學、最高效、最系統的方式。背誦，是中國傳統教育方法的一大法寶，是真正融入血液的內功，就連現在的外語學習也再次認識到了這個不二法門，幾乎所有的外語老師都在說，熟練背誦新概念一到四冊，什麼托福、雅思、GRE，有了這個基礎，只要再配合一點點技巧就勝券在握了。還是拳術實戰的追求，能適應和利用任何條件。

以儒家教育為例，所有的人從啟蒙開始一直到成人之前，就是從《百家姓》《千字文》《三字經》到四書五經及諸子百家一路背下來。當然不解釋了，因為解釋了也聽不懂，就如同和黃口小兒談論魚水之歡，與風花雪月的才子談論涅槃寂靜，還不夠月份。等到人有點懂事了，書也背得脫口而出時，才開始了真正的學習。這時的先生才叫真正的導師，坐著高背兒的輪椅轉磨的還對不起導師這個稱號。

這時導師教給學生的不是書本，因為書本已經透過身體浸到了靈魂深處，而是跟學生一起就生活中的所見所聞和點滴瑣碎，與血液中的文字進行印證，得知古言不虛時，人也就真的成了人。而現在成人的概念不過是影視作品的分級，屬於動物學的範疇，與人的本質無關。

「拳打千遍」是同一個道理，也就是集中內外全部精力在身體上用功。「身法自現」中的身法，不是手、眼、身、步法，也不是高來低去的閃展騰挪，而是身體的運動規律與身心配合的規律。當真正體會到這個規律與天地規

律的暗合時，才是身與法都自現了，就是看到了，感覺到了，知道了。

　　說到背書，最值得一提的例子就是民國時期的著名學者辜鴻銘。僅僅從語言成就來說，辜鴻銘到十幾歲時就學會了英文、德文、法文、拉丁文、希臘文。他 15 歲便考入愛丁堡大學，同時又學習了俄語等其他語言，20 歲就獲得了愛丁堡大學的文學碩士學位。除了中國話之外，辜鴻銘能說九國語言，其中英語、法語和德語最為精湛。就其英文水準，林語堂評價說，在中國，「二百年無出其右」，就是到現在還沒有趕得上他的。

　　然而自從到了中國以後，辜鴻銘這個生在海外、外國話講得比中國話還好的中葡混血，立刻對中國自己的文化生出了狂熱的愛，不僅撿起了四書五經，更是脫掉了西裝而換上了長袍馬褂。他甚至在清朝滅亡後仍然頑固地把辮子留了近 17 年，直到離開人世。

　　辜鴻銘明確指出，背書這種看似笨拙的辦法是學習外語的不二法門。

　　他小時候學外語靠得就是一個背，當年他跟著義父英國人布朗學習德語時，兩個人一起把歌德的《浮士德》一字不差地背了下來，這個讓少年辜鴻銘認為是極端痛苦的方法卻讓他的德語水準一日千里。

　　在領略了背書的無窮妙用之後，辜鴻銘如法炮製，背下了莎士比亞的三十七部戲劇。此後，他學習任何一種語言都是用這種被現在人強烈反對的「死記硬背」。一直到老年，辜鴻銘仍然能夠一字不漏地背誦彌爾頓的無韻長詩

《失樂園》，這部作品一共六千多句。

　　辜鴻銘對於中國的私塾教育極度讚揚，認為小孩開蒙之後立刻開始將四書五經背得滾瓜爛熟，到了成人以後，自然會融會貫通。他曾經說：「今人讀英文十年，開目僅能閱報，申紙僅能修函，皆由幼年讀一貓一狗式之教科書，是以終其身只能小成。」在他眼中，當年北大那些新文化運動的諸君子簡直不值一提。

　　他認為胡適說的英語，就是美國的底層文盲的語言，而且對於胡適教的哲學評價說：「古代哲學以希臘為主，近代哲學以德國為主，胡適不懂德文，又不會拉丁文，教哲學不就是騙小孩子嘛！」在中國自己的傳統文化中找到歸宿的辜鴻銘無非想說，你們才留過幾天洋，知道什麼叫西方，什麼叫新文化！

七、民國怎麼了

　　無論多麼無知的人，總是會對於自己無法企及的學問進行讚歎，所謂附庸風雅。即使對於自己所讚歎的東西並不瞭解，並且在不瞭解的基礎上進行誇張與延伸，但也算顯露出愚昧中的一點善根吧。

　　隨著「國學熱」的復興，有些人對於民國那個時代，而不是對於那個時代的文化本身進行了猜想式的讚美，說猜想式，是因為他們根本就沒經歷過民國，只不過對著泛黃的照片畫出了幾件民國時的棉袍兒。於是，這種猜想如果不是為刻意自己而搔首弄姿的意淫，或根本就是為了表

達對於現狀的不滿，這些都已無關學問。

很多人引用一個西方學者克羅伯的感嘆，「為什麼天才總是成群地來」這句話，來描述民國時期大學問家數量上的眾多，甚至讚歎這些大學問家出現在那個年代是一個傳奇，是一個謎。

民國時期的確是出現了大批的學問家，但重點是，在中國歷史上，並不是只有民國時期才出現了大批的學問家。如果正確客觀地看，應該說是自從民國以後沒有再出現過這麼多的大學問家，但在民國以前，只多不少。大家現在提起民國時的學問家，屈指肯定數不完，但值得付之筆墨的，不過數十。但如果大家從清朝明朝一路追溯上去，每個朝代的大家，無論是文學、繪畫、書法、思想，其資料都可以編纂成一本厚厚的詞典。

琴棋書畫，在民國之前的時代能算什麼特殊才藝，光從表現市井平民的話本小說當中，我們就能感受到，哪個村頭鄉間還沒幾個識文斷字的儒生秀才，詩詞繪畫對聯基本上就是出現在日常生活的範疇，更不要說歷代那些驚天地泣鬼神的人物，哪個是民國的所謂大家能夠企及的。

民國時是詩超了唐呀，是詞越了宋，是風流比過了兩晉呀，還是智慧超越了先秦？這些大家不過是像自古以來所有的文人一樣正正常常讀了點聖賢之書，頂多出國旅遊了幾天，拾的是古人的牙慧，見的是片段式的浮光掠影。只有現代的人，會搔首弄姿哼個歌就算才藝了，這麼下去，認字兒都被當作才藝是遲早的事兒。

這裏，無論古人還民國之人，都不提名姓，因為重點

不在民國的大學問家們，重點在評說的後人，沒針對誰，說的是道理。

我們要注意的是，民國這些大師之所以成為大師，正是因為從小一直接受中國的傳統教育，這個教育體系一路下來，數千年未斷。而這數千年的文脈，卻正是斷送在了這批被中國傳統文化滋養起來的大師們的手裏。某個當年天天痛罵中國傳統文化吃人的大家，如果不是因為深厚的傳統文化功底，怎能得心應手地寫出那樣精準的文字。試想現在直接接受所謂白話文教育的作家們，除了用此處省略若干字來吸引世俗的眼球，就是掏爺爺奶奶的醜事和家底兒來企圖得到現代人的認可。

問一聲，民國之後，包括民國在內，有哪個學問家還能帶給我們古代那些大文豪們給我們的震撼、意境和境界！再牛，也還是注個論語，解個道德經，或者把自己所有看過的書，精摘一遍，厚厚好幾冊，嚇唬現在我們這樣的愚昧眾生。主題不是要評價某個時代或某些人物，目的是希望我們看任何問題都保持客觀清醒，覺知。

的確可以理解，民國那些大師們處在了一個特殊的時代，除了中國自身的動盪變革之外，全球訊息流通的萌芽狀態，當然更會令人眼花，令人心神繚亂。就如在中國改革開放初期，從什麼渠道看見幾本泳裝雜誌封面，便小鹿撞心地嚮往著西方的「自由」。

當年民國的大師們急著忙著砸了自己紅牆碧瓦的精神殿堂，盲目引進代表最先進但絕談不上成熟科技的簡易拼裝房，究其深層原因，還是傳統的學問根基不紮實，沒有

真正成就自己，很容易受外界的影響，而懷疑和動搖自己，結果在「寵辱若驚，患得患失」中失去了自己的根。孔子早說了，「君子不重則不威，學則不固」。

現在的人面對中國傳統文化在當年所結出的纍纍碩果望洋興嘆的同時，可曾想過，否定和毀滅很容易，但要重新找回並營建起那個狀態是一個多麼艱難的挑戰。沒敢指著你們建設，別在添亂就好。

從中我們還可以感悟到信心堅固的重要性，世間一切學問的學習都需要這個信心的支撐。具體到拳術習練中，我們很容易發現自己的疑心和搖擺。練吳式時，看陳式好；學楊式時，覺得武式妙；練太極不放心，偷偷學點形意；練形意時心裏說，你看人家八卦多妙……要知道，旁徵博引、融會貫通跟朝三暮四是兩回事。

禪宗三祖僧璨做過一首《信心銘》，其中說：「至道無難，唯嫌揀擇，但莫憎愛，洞然明白，毫釐有差，天地懸隔。」揀擇，其根源就是信心的搖擺。信心搖擺，其關鍵還是目的不明確。

目的不明確，說明道理上根本就沒明白、不通，當然也就只能在形式層面與工具上較勁。「但莫憎愛」，就是不要在各種形式之間比較，前面說過，比較是魔鬼，八萬四千法門，又怎麼比得過來。「毫釐有差，天地懸隔」，所謂天堂地獄，一念之差，這說得要比《太極拳經》中的「差之毫釐，謬之千里」嚴重了許多。

北方吳式太極拳大家楊禹廷先生，一輩子沒有過打過誰摔過哪個的八卦傳聞，但在武術界這個複雜的圈子裏其

口碑卻是異口同聲地好，光這一點就已然是個奇蹟，這說明其太極功夫已經融進生命並瀰漫於柴米油鹽生活中的每時每刻。在別人對於楊禹廷先生的諸多讚譽之中，其中有一點是，一生對太極拳「忠貞不貳」。這就是堅固的信心。

中國文化的修練，不是要透過懷疑自己而否定和毀滅自己，而是要由自省來成就自己，立己並且立人。

第六章‧拳意禪心現

　　磨磚雖不能成鏡，但卻有機會
成佛，這就是「格物致知」。中國
人說煉丹，西方人講煉金術，其實
都是在說，覺知將使生命產生飛越
的質變。總之，獲得覺知，才是我
們瞭解生命的唯一途徑。

一、拳禪合一

所謂拳禪合一、拳禪一如、拳以載道或拳道一體，說的其實都是一回事，畢竟，世間的一切事物，哪個也不可能脫離了整體，如孫悟空跳不出五指山，「可離非道也」說的不是不要離，而是根本就不可能分開。但在沒有真正體驗到這個境界時，或者壓根就不是真正追求這個境界，拳禪合一的話，也就成了一句充滿尷尬的空話，不過是個招牌，不過是個簡陋裝修，不過是掛著羊頭賣狗肉，當然前提是羊更值錢好賣。甚至，不過仍是攀附權貴的勢力之心，而且這個權貴又是完全出自於毫無根據的幻象。

就如皇宮中有成千上萬的低級宮女，這些宮女中的某些遠房到窮鄉僻壤的親戚，雖然總覺著自己與那遙不可及的高貴依稀彷彿有著些許的聯繫，但總是沒有、也永遠不會真正去親歷那奢華的輝煌。最終只能是腰痠背痛之餘，在田間地頭，用在腦中鍍了金的籬笆牆與人分享自己對於紅牆碧瓦的想像，抬高一下自己在老哥幾個心目中的地位，然後生活該如何還是如何。矯情中透著可憐。

禪這個字的含義非常豐富，簡單地說有這麼幾種，一種指的是具體的修練手段，如坐禪，還有就是表示修練中「定」的次第，如禪定，再有就是形而上的概念，代表的是禪宗。其中坐禪是包括禪宗在內的所有佛教宗派，甚至

是其他宗教都會採取的修練手段，而禪定的不同境界也是不同的宗教透過修練，甚至是透過不同的文化藝術修養都可以達到的。而坐禪和禪定都說明不了，也代表不了禪宗的禪。因為禪宗與佛教的其他宗派一樣，追求的不是坐也不是定，而是能夠「明心見性」，以及通達解脫的終極智慧。世人所謂學禪多是學打坐、學禪定，而拳禪合一和拳禪一如所要合的、如的，是禪宗的禪。

有關禪宗歷史與理論的介紹，可謂汗牛充棟，也沒有一一贅述的必要。但有一點是可以肯定，禪宗這種現象只可能發生在中國，或者說禪宗的靈魂一定是中國的，禪宗是中國人用自己的智慧對佛教的精彩闡釋和獨特演繹。與其說是中國這塊智慧的土地使達摩帶來的禪宗種子成長成為參天大樹，倒不如說是為了豐富展現外在的無限繽紛，中國文化在自己內在的智慧之外，又添加了一件儒冠道服之外的袈裟式外衣。當年達摩傳授給慧可的所謂秘訣，「外息諸緣，內心無喘」，以及慧可用一條手臂換來的「為汝安心竟」，都沒有超越出中國人自己於「止、定、靜、安」中自省的正心誠意。而禪宗的第一經典《壇經》，更是佛家唯一一部不是釋迦牟尼說的，但卻可以被稱為「經」的經典，事實上，《壇經》就是六祖慧能吟唱出的佛語版的天人合一。

禪宗給人的震撼來自於其鮮活的形式，以及「高高山頂立，深深海底行」的超然境界，而欲求能夠隨心所欲並恰如其分地表達這種境界，只能夠依託於中國文化通達的見地與深厚的修養。甚至可以說，不僅是禪宗，整個佛教

真正的成長，也只能是在中國傳統文化這塊豐沃的土壤之中。當然，這其中，有著天時地利人和的殊勝因緣。

東漢末年，儒家綱常名教在曲解誤用中逐漸顯現出了時段性的問題，於是魏晉的玄學便逐步興起，而佛教大乘般若經典此時不斷傳入中國，不僅其精髓暗合於中國先秦文化，更重要的是，其新鮮的外衣正好匹配了當時的清談之風。

而中國的文人，在佛教於中國的傳播中，起到了決定性的作用。因不為五斗米折腰的東晉詩人陶淵明，便與廬山東林寺的高僧慧遠大師交往甚密，並將種種與佛家思想碰撞的感悟體現與自己的詩句之中。

如「明明雲間月，灼灼葉中花，豈無一時好，不久復如何」，如「人生無根蒂，飄如陌上塵。分散逐風轉，此已非常身」。山水詩人王維，給自己起了一個「摩詰」的字，就是取典故於《維摩詰經》。范仲淹則是「自幼居佛寺，宿聞正法，淨持戒律，刻苦淬勵。既仕，喜親近高僧，參究禪法，樂善好施」。王安石更是在晚年「退居金陵，終日研治佛典，嘗疏解《楞嚴經》」。據說，王安石因《楞嚴經》而最終開悟。蘇東坡的佛禪緣分已不用多說，他與佛印禪師的往來，更是佳話頗傳。

就連以尊儒排佛為己任的韓愈，其實所鄙視的也是佛教傳播中一些愚昧的形式，而他本人不僅深諳佛理，並與當時的大顛禪師交往甚密。到了明朝，吳承恩的《西遊記》可以說是將儒釋道三家的文化交融，將真修實練中的關鍵，用文學創作的形式完美地記錄和表達了出來。這在

整個世界中，都可以說到達了絕無僅有的高度。

就是僅僅從文字來說，除了中國文字的豪放與婉約，恐怕沒有任何其他，可以於山水的寄情與人世的慨嘆中透出禪意的光亮。無論是李白還是蘇軾，柳宗元或陶淵明，我們都可以從其文字境界中領略出所謂的禪意，而莎士比亞的十四行「禪詩」，卻是誰也想像不出的。

至於日本人，將一杯茶的泡製極致複雜到忘卻飲用而稱之為禪，不過都是表面文章，沒有什麼錯，但實在沒有什麼可以圈點的。片面沒有問題，但執著於片面就失去了回歸完整的可能，畢竟，何止「水知道答案」，除了人類，萬物都知道。

我們談到禪宗，總會首先想到其公案話頭、機鋒轉語及獅吼棒喝，這些不過是禪宗活脫犀利的外在表現，於這些外在表現的過分糾纏並不一定，甚至是不可能觸及禪的核心。單純地不斷反覆敘述禪宗故事，無異於哄孩子的睡前故事，止一下兒啼。整天醉心於機鋒轉語，則很容易流於「地上一個猴兒，樹上騎個猴兒，一共幾隻猴兒」一類的腦筋急轉彎。雖然經典上解釋，當年釋迦對迦葉說，「吾有正法眼藏，涅槃妙心；實相無相，微妙法門；不立文字，教外別傳」。的確說得清清楚楚，但我們一般人對於禪宗的禪，還是感覺模模糊糊。

用直白的話說，禪宗核心的靈魂，就是為了覺知最終的真理，可以忽略、破除和超越包括本身在內的任何的形式，而其表現應該是見地上的質變。這個見地上的質變，跟我們普通人說的「想明白了」是不一樣的，我們普通人

談不到見地，只能說念頭和想法，而我們對於一切的念頭和想法永遠也不可能保持統一。

這一刻我們覺得世界真美好，每個人都是好人，下一刻，我們又覺得世界太陰暗，到處都是機關陷阱。這一刻我們感覺自己充滿愛心，有幫助每一個人、願意為社會付出的大無私奉獻，下一個片刻，自覺受盡委屈的我們又只想對世界和他人進行無情地報復。再用白話解釋，所謂見地的質變就是人生觀與世界觀本質的不再退轉的提升。當悟到「雲在青天水在瓶」，見到「山還是山，水還是水」，或真正明白「古人所言不虛」時，實際上就是見地上不再動搖退轉的本質變化。

這個境界可以類比為孔子的「四十而不惑」，孔子在四十歲的時候，終於使自己在從三十歲時建立起的對於真理的孜孜以求中，達到了內心中的見地不再動搖和疑惑的境界，從此，沒有什麼外來的言論、行動或現象再能夠對自己產生負面影響，更不會因為外界的風雲變幻而使自己產生任何的迷惘。還有，不論是人情的背叛還是社會的動盪，都不會影響那份因瞭解而生出的慈悲。

所以說，禪宗在修行中，強調的是見地的質變。禪宗中的「頓悟」就是心靈即刻間衝破種種禁錮，獲得了內在的本質的變化，但這個變化還需要在外在得到印證和運用，所以也許還不是真正的、最後的、徹底的那個開悟，所以說禪宗頓悟後，還需要「悟後起修」。於是，六祖慧能在「悟」了了以後，會混跡於獵人之伍，每天面對殺戮與血腥，甚至還到妓院中打工，超然於犬馬聲色。

這又暗合了孔子的「五十知天命」，雖然在四十歲的時候已然達到了心中永無迷惑和動搖的通達，但還是經過了十年的印證，才終於建立起內在與外在的聯繫，成就了生命的完整。縱然這樣，這內外的完整要真正通透純熟，到達「從心所欲不踰矩」的逍遙之遊，還是又經過了二十年包括「耳順」在內的熟練運用。

　　「聖人皆以無為法而有差別」，所有的差別都是表層的，如波濤洶湧的浪花，個個不同且各具特色，而在深層已然不是用相同就可以描述的，而是一體，如波濤洶湧下的海，是無法分割的渾然。

　　無論釋迦、老子、孔子還是耶穌，不過是以「知其不可為而為之」的態度，希望解脫世人於自造的水火之中，卻因為世人必然的狹隘，將這些聖人的教誨演變為涇渭分明的各種團體，「群而不和」。並為了自己片面的執著，從彼此的不融合一直演變出排斥、對抗，甚至血腥的殺戮。無論是佛教還是基督教抑或是其他宗教，都是同樣的情形，例如佛教在中國發展出俱舍宗、成實宗、律宗、預臨濟宗、三論宗、涅槃宗、地論宗、淨土宗、禪宗、攝論宗、天台宗、華嚴宗、唯識宗、真言宗、密宗等十宗，本意是為眾生大開方便解脫之門，但對於各個小宗小派的執著，卻產生出更多的禁錮。

　　同樣，說回我們太極拳的話題，無論是太極拳、形意拳、還是八卦掌等，目的都是為了培養搏擊能力並進一步由「格物致知」通達天人之理。但在很大程度上，卻發展成為如今派別與名分的執著，只要名相在，目的是什麼反

而不再重要了。而且這些名相又不斷分別衍生出更多的分支，使情況越來越複雜。形意分出了宋式、尚式、孫式等等，八卦發展出了程式、尹式、梁式等等，太極拳則更是陳、楊、吳、武、孫等各有千秋。

本來這既是一個百花齊放的良好現象，也是事物發展的必然規律，本無可厚非，但人們往往卻因為方便之法太多而顯得無所適從，更容易因為一門一派而形成和不斷滋養內心的自我意識，原意是要看破本來無我，卻適得其反地加重了我執。我執之後，必是一系列的不可理喻，如寧可本門名字在，也不在乎修習拳術共同的目的是什麼。於是不要說懂天地之理了，就是技擊方面，情景則如倒在地上擦著鼻血的矯情，「你這不是太極勁兒！」太極拳勁兒帶來的要是這樣的結局，就讓它算了吧。

雖然我們無法接受這些矛盾帶來的困擾，但矛盾卻是存在的特性。王薌齋稱自己為「矛盾老人」，是他自己發自內心的感悟。每個悟到而回歸了整體的個體，在人們的心中都會留下一個個體的形象，而無法看到整體的人們只能由這些個體型象來揣測整體，這些個體既能夠給人們以內在的啟發，但同時也極有可能將人們永遠地困在一個侷限裏。所以，在利用這些個體作為工具之前，看破是非常有必要的，注意，不是打破。打破是因為不理解而對其進行消滅，而看破是因為全然的理解而接受。

拳禪合一，既然要合，就要真正瞭解。當我們喊出「拳禪合一」或「拳禪一如」的口號時，首先應該清楚為什麼要與禪合以及到底怎麼合。

有一說，認為拳禪合一合在了傳授之法，因為在許多情形中，拳術的傳授與禪宗的機鋒棒喝有同工之處。禪宗教授之法經常在一句話之間，只一句「狗子有佛性否」或「庭前柏子樹」，以至一句「喫茶去」就打掉了人的頭腦思緒，就令人狂心頓歇，回歸了心地的澄淨本源。

在拳術教學中，也經常用這樣的隻言片語，使學者豁然開朗，如「你就這麼傻站著」或「抱過女人嗎」，但這些還只是表面上的合，現象上的合。

這只是一個普遍存在於所有技術教學當中的方法，如足球訓練中，教練一句「在中場咬住對方」，也許會讓當局者迷的隊員們恍然大悟，迅速扭轉局勢，但終究也不會見到誰真在對方身上留下了牙印。這樣的教學孔子早就有，所謂「不憤不啟，不悱不發」，就是已經不僅僅因材施教，更因勢利導，因地制宜。所以說，如果拳術教學中的機鋒棒喝僅僅成了掌握某個單項技術動作的「小竅門」，那就太小瞧和委屈了拳禪合一這個說法了。

二、合的是見地

禪宗追求的是掃除一切障礙，直接的「明心見性」，其修練的次第則表現為，為了這個明確的目標，於見地上的本質變化。這個見地是穿透核心的質變，且不會動搖和退轉的，就如心靈最深處智慧之泉的爆發，也彷彿是光明透過暗室厚壁的孔隙。在觸過這清泉、瞥見這道光之後，一個人將會以完全不同的眼光看待世界，也將會以全新的

人生態度實踐全新的生命。

如六祖慧能當年寫出「本來無一物」的偈子後，其世界一定從此與我們的不同，不會再煩惱著我們的煩惱。對於大多數人來說，很難達到六祖慧能這樣終極透徹的見地，也許並不究竟，但其每一次靈光顯現也一定是生命中這一階段真實不虛的里程標。

禪宗講，大悟需要大疑情，一切道理，一定要自己去真正弄明白，誰說的也不盲目接受。你說是生是苦，那麼到底苦在哪裏，你說了卻生死，那麼到底什麼是生，什麼是死，生前何樣，死去哪裏，等等一切的一切，都要打破砂鍋問到底，都要自己親自覺知到。釋迦牟尼也說過，「不要因為是我說的話就盲目相信」。從這個角度來說，見地，就是不被人欺。

習練太極拳或其他內家拳也是同樣的道理，需要有大疑情，要有把每一個道理都弄明白的極度渴望。我們在之前就曾討論過練拳的目的與動機的話題，其核心就在於，從一開始就在每一步上都清清楚楚、明明白白，不糊塗，不簡單接受任何一個理由和說法。

比如，彷彿每一個男孩天生來都會對舞刀弄棒感興趣，但彷彿從來沒有人去問過自己，這背後到底是一種什麼樣的力量在驅使。如果這個疑情一直被追問，如果能夠寧願保持這個未知也不接受簡單的解釋，就保持了一個向內走的機會，而在適當的時候，也許這個機會就會成為一個契機，使真理顯現。

但如果我們在舞刀弄棒的過程中，簡單地接受了別人

給予的一個做這件事的理由，就不僅封堵了一個機會，而且還會因盲從而盲目地選擇和搭建自己的生活與生命。

　　在人生的道路上，有時候對於一個觀念簡單盲目地接受，不僅會在這個觀念的基礎上創造自己的生活，而且很有可能一輩子都不去懷疑或探尋其他的可能性。舉一個也許不是很恰當的例子，比如在拳術練習中有一種說法，認為拳術需要由不斷的技擊實踐來印證自己所學，並要透過不斷繼續的技擊實踐來取得進步。這個聽上去彷彿非常有道理的話，一旦被我們簡單而不假思索地接受，也許就真會使我們走入狹隘的「唯技擊論」的誤區，並且會對我們之後的生活起到決定性的作用。

　　試想，在當今的社會，我們真正用到技擊的機會到底有多少，而且這些所謂的機會是否只能用技擊去解決，我們武力的運用是真的出於合情合理的不得已而為之，還是我們只是想不顧一切地給或甚至不給自己一個理由，而去促成一次單純的印證？

　　為了給自己創造更多的印證機會，我們一定會狹隘了自己的思考範圍和眼光，而忽略了很多即時的風景，並迷失了自己最初的動機以及最終的目的。如果我們沒有在這種瘋狂中毀滅自己，我們甚至會有意或無意地為自己選擇一個每天都在「印證」的職業，每天面對素不相識、毫無恩怨過節的對手，在規則的限制下，合法地一心傷害對手甚至致對方於死地。而這一切，是否就是我們習武的真實初衷呢？我們的確可以為自己創造出這樣的生活，事實上，所有的各種生活都是我們自己無意識地創造出來的，

除了我們自己，沒有任何其他人要為此負責，因為別人也正在企圖讓別人為自己無意識創造出的生活買單。

舉這樣的例子，並不是在否定拳術的技擊性和評判某種職業，我們只是在提醒大家，無論我們習練任何技藝，是否從開始的每一步就知道自己要的是什麼，別人告訴我們的是否有道理，我們又是否問過自己，自己到底在做什麼，所做的這一切又到底有什麼樣的意義。這些就是見地，見地就是不被人欺，就是一切都要在心裏自己探究清楚。我們在成長過程中被強加了無數的概念，而我們不僅從來就沒有過任何質疑，甚至拿來當作自己的金科玉律。

也許，在拳術學習過程中，別人交給我們一句氣沉丹田的話，或告訴我們一個經絡的系統，我們都會不加懷疑不假思索地全盤接受下來。我們是否想過，這個世界上曾經達到智慧頂峰的人不只是中國人，那麼為什麼同樣是對於自己與外界都通達瞭解的聖人們，僅僅對於自身的描述都如此不同，為什麼其他的國家或民族的古老文明在描述人體時，並沒有出現丹田或經絡系統，即使有脈輪、拙火等描述，又很難彼此完全相合。

面對這種非常具體的問題，我們並不是要立刻草率地找到所謂的答案，而是要在心裏有一個見地，這就是，一切都必須是自己的真實體驗。除非你在自己身上真的感受到了丹田與經絡的運行，否則這些只是空洞的理論。更沒有必要為了一個門派或一個文明，在自己的身上生生地創造出這個系統。更何況，如果這些系統及所有的相關理論都只是一種與生命毫不相干的資料，那學什麼都是累贅

了。

　　反覆強調，中國的古老文化是實踐與生活的文化，而這種生命的和諧與生活的意境，是無法由文字比較或科學實驗室來證明的，唯一的途徑就只能是由自己本身的狀態來展現。當我們已經無法展現這種生命的和諧時，一切有關和諧的理論也就自然成了我們的負累。藝，本該不壓身的，感覺到壓，是因為還不是你的。

　　因為那些被強加的概念，導致我們的一切觀念幾乎都是別人的，是從別人那裏借來的，我們就是這樣一代一代從前輩手中借來，再將這些自己從未思考深究、也沒有真正體驗過的觀念借給下一代。我們從小都是在模仿別人，張三的走路，李四的甩頭，這個明星的說話方式，那個公眾人物的小動作，更關鍵的是我們的一生都是這樣機械地、模仿式地接受著別人的影響。比如，我們很容易從父母那裏直接繼承對待人生的態度，我們也許生下來就被教育說世界上全是騙子，不要相信任何人，我們也很容易因為一本小說而對世界充滿仇恨。

　　我們的所謂自我就是這樣的東拼西湊，而我們的人生就是這些東拼西湊的觀念在現實中的影射。所以從這個角度來說，我們每天強調的個性又從何談起，我們不過是彼此複製的流水線產品。見地，則必須是真正屬於自己的。

　　但我們普通人的生活就是不斷地一代一代地複製下去的。就算真的把我們的身體當作實有，我們都談不到「自己」這兩個字，因為在我們的身上很容易就能發現各種各樣的、過去的人的觀念，甚至是某些人清晰影子的陰魂不

散。在拳術學習當中，我們更容易簡單地去接受各種觀念，其中很大的原因就是我們無法對師傅進行不留餘地的質疑。在很大的程度上，在現在的武術傳承中，我們更像是用自己畢生的努力，來企圖說圓了師傅這一脈的理論，上演著武術版的相聲《扒馬褂》。

所謂的成功，不過是複製的成功，經常會聽到人們談論誰得了誰的真傳時描述說，某某某跟師傅或師爺「神態都一樣，說話不僅腔調一樣，連聲兒都一樣了」。現在資訊傳播很發達，如果搜索某些拳種或某些支系的圖片資料，會很容易在每一個傳人身上都發現、找到非常明顯的前輩的影子，不僅是動作、表情、服飾，甚至是體態和神情，這簡直就是令人毛骨悚然的恐怖片。因為我們看到的是批量的借屍還魂，畢竟，像我者死。見地必須是具有穿透性的，不留餘地的，而且是自己的、原創的。原創指的不是不同，而是自性的流露，見地可以有一樣的高度和深度，但條件必須是出自於自己的真實體驗。

一段時間以來，我們是崇拜和強調個性的，可悲的是人怎麼會有個「性」，人有的只是個「命」。我們所謂的個性，不過是用別人零碎的個「命」東拼西湊出我們的個「命」。無論是奇裝異服，還是狂躁的「音樂」，甚至是酗酒吸毒，這些不過是用別人的迷惑和愚昧增添我們自己的迷惑和愚昧，無關個性。

而去除迷惑的唯一途徑，便是知，知「天命」，因為只有「天命」，才能「謂之性」，所以禪宗真正的見地就是要「明心見性」，其他的都是無用的。等到真知了、見

了這個「性」是，自然也就沒有了「個」。

禪宗的見地要「直指人心」，直指，就是直奔本源，本源就是心。所謂直指，也就是不要任何臨時的答案，不要任何替代品，其宗旨還是不被欺。如果這個軀體必然因成住壞空而消失，那麼一年與一百年就不再有任何區別和意義。那麼所有的所謂的現實的福報，金錢、地位、性也就成了短暫的、臨時的、虛幻的止痛藥，更何況，這些痛又都是來自對這些虛幻目標的欲求。就如，一個被判處死刑的人多獲得幾個小時的延期，不會有本質的改變，而直指人心追求的是永恆的自由。所以在禪宗的見地面前，所有利用所謂吸引力法則完成致富的科學的理論都不值一提。還是中國人狠，「朝聞道，夕死可以」，對終極真理的追求可見一斑，慧可砍了自己的一條胳膊就見了自己的「神光」，算不得什麼了。

相傳當年達摩初到中國的時候，將要入山面壁的時候，有人問他來中國的目的到底是什麼？達摩回答說：「我要找一個不受人欺的人。」修練太極拳或其他任何武術，就同世間一切實際學問一樣，目的不是負擔不斷積攢起來的過去，而是要成就當下的自己。

三、合的是真實

如果說禪宗的見地，是來自不被人欺的大疑情，那麼禪宗的真實就是不自欺。明心見性、了脫生死、洞徹天地、任運自在，是與不是，行與不行，做到做不到，不用

多說，每個修行人自己心裏都很清楚，所謂如人飲水，冷暖自知。一些真正得道的禪宗大師對於那些自以為是、以假為真、似是而非、欺世盜名的修行者會辱罵、會毆打、毫不留情，這種對於虛假的嫉惡如仇，就是對於真實的尊重。知道自己是什麼狀態並坦然接受，就是智慧的開始，所以說知之為知之，不知為不知，是智也。

其實，何止禪宗，實事求是的精神是所有的學問都強調的，正心、誠意也同樣是儒家的基本修養，《大學》中講，「所謂誠其意者，毋自欺也」。但因為缺失，才會強調，因為是最基本的，才往往是最難的，不自欺欺人誰都會說，自欺欺人卻成了我們每時每刻的生活。這就是我們再正常不過的生活，試想，如果人本身和人創造出的世界都是雜念而成的幻象，真實也就無從談起了。

但真實也根據不同的條件而擁有不同層次的意義，其終極的意義可以是包括人本身在內的一切幻象的破滅，而在較低等的層面、在幻象之中，真實就意味著自知。即使真實無從談起，但我們至少可以實事求是地對待虛幻。

俗話說的非常到位，自知就是知道自己吃幾碗乾飯，知道自己吃幾碗乾飯，就是肚子與心，內與外的和諧。不知道自己吃幾碗乾飯，就是內外不統一，肚子和心內外互不瞭解，其結果就是內外的連鎖混亂，不是吃多了就是吃少了。當然，肯定是吃多的成分占多數，人，總是由貪慾驅使的。貪且糊塗。

不自知，也就是無明，這一點眾生平等，誰都一樣，談不到褒貶。但不自知再妄語，就是欺騙了，不自知加妄

語，就是我們自欺欺人的基本形態。在佛法中，未悟而說悟，未證而言證是一個極大的惡業，會導致人在無盡的生生死死中越來越愚昧。而正是禪宗活潑生動的特點，更容易促使各種假開悟的現象萌生，於是很多禪宗得道大師的超越世俗規範的舉動，被欺世盜名之徒模仿來欺騙眾生。如果說，「狂禪」「野狐禪」，甚至「口頭禪」等，還只是自知程度不夠，以少為多，剛剛有點見地就以偏概全，但起碼還是在修行的途中，起碼還是一心向善，只不過是對自己的次第不能正確地認識。那麼，那些用異端邪說和怪力亂神來蠱惑眾生，用修練的外衣騙財騙名騙色之徒，就是不折不扣的邪惡至極了。我們普通眾生在心靈的最深處都是嚮往提升的，正如同每一滴水，無論來自大河還是山泉，都有著入海的宿命。而利用人們完善自我的願望來騙人的，犯下的應該是最不可饒恕的罪惡。

我們不可能去評判我們不瞭解的和我們不是的，所以對於終極的智慧到底是什麼樣子，我們不可能也不應該有判斷的能力，但對於那些即使在最常識的層面都顯得過於拙劣的表演，我們還是應該能夠感覺到不對勁的。那類每天佛法無邊，卻因為所謂美國的科學報告而信誓旦旦地決定在 2012 年往生淨土的，我們還是慈悲地接受他在這個世間繼續頤養天年，只是不要再信口開河，因為報應本身比他講解和瞭解的要嚴肅和不爽得多。

濫竽充數、魚龍混雜的欺騙，在宗教中如此，修行中如此，拳學中亦是如此。目前，由於訊息傳播速度與範圍的提高和擴大，包括太極拳等內家拳在內的中華武術再一

次面臨被質疑的高潮，其中最大的功勞就是要歸功於拳學研究中的虛假現象和一小部分騙子大師。說是一小部分，因為就算把媒體上網絡上所有搞笑成功的大師們集合在一起，也不過百來人，根本無法代表更多腳踏實地、孜孜以求的習練者。但這一小部分人，如果不引起重視，會為太極拳及其他中國優秀文化的發展與傳播造成極壞的影響，就是壞了整個全局也是不無可能的。

在這個時代，一個人，幾小時內就可以臭遍全球，就像一個電腦病毒，瞬間就能侵襲到全部網絡。所以現在，再小的老鼠屎，都不僅僅是壞一鍋粥的事了。因緣這個系統，已經隨著人的妄念與瘋狂，運轉得越來越快了。其實對於我們每一個人來講，孔子說的君子慎其獨，道理太透徹了，越私密的時候越要謹慎小心。否則莫顯乎隱，一句話就能露了愚蠢，豔照也立刻就能成了大屏幕廣告。因私下的不檢點使自己無論穿多少在眾人眼中都維持裸體狀態，起碼還娛樂了人們低級的偷窺，而在學術上因似懂而露了非懂，則尷尬的只會是自己。

太極拳作為中國內家武術的代名詞，目前幾乎已經成了武術打假的焦點，這個焦點主要集中在了那些太極搞笑大師們的推手表演上。如果其他拳術在拆招講勁時，為了避免傷害而出現略顯誇張的配合，大家還都可以理解，但太極拳大師們那些已經不需要任何動作就能伴隨著安定醫院裏獨有的笑容，使出「排山倒海」震飛數十弟子的情形，就很讓人如坐針氈了。

從各種視訊資料很容易看到，那些大師們看著自己這

些「蹦蹦跳跳真可愛」的「袋鼠門」弟子們，臉上那得意的表情，真的是自己都信了。這就是不僅欺人，還自欺成功，而且互欺成功。

不知道是否是時代的原因，現在那些少數的太極搞笑大師已經不會因為非懂而尷尬，而已經是肆無忌憚地醜態百出了。如同在王府井或西單等公共場合穿著婚紗亂跑的瘋婆子，會把眾人圍觀的驚異與憐憫當作鼓勵，再獻唱一曲，北京話叫「覺著一美差了」。當文化騙子們已經不會因為自己的「好傻好天真」而感到尷尬和羞愧時，一個國家和社會的文化就真正到了需要修復的關頭了。

在所有這些搞笑表演中，也真是做到了百花齊放，各有千秋，其中許多情景相信人們都是非常熟悉的。

如兩個年過半百的大男人，雙手互捏手指尖，深情款款、閉目朝天、表情凝重，口中不斷喃喃細語「有了吧？沒了吧？空了吧？丟了吧？」，看得人只感覺同志之間怎麼就這麼爽呢！也有讓人雙手摸胸，然後拿出勸說跳樓者的勁頭來極力說服襲胸者，「我鬆了吧，沒了吧，你起來了吧，起來了吧，起來了吧！」每當此時，摸人的自然理虧，自會讓良心的電流穿過雙腿，邊跳躍邊投過無限愛慕的眼神，被襲胸者還在笑著說，「我這兒是大窟窿」，這得多嚴重的乳癌呀。

最「覺著一美差」的表演就是找一堆應該起碼身體上沒什麼毛病但腦子就不好說的弟子，用卡拉揚和小澤征爾般一脈單傳的手之舞，讓這些弟子沒頭蒼蠅般地滿場鬼哭狼嚎滿地打滾。從 20 世紀七八十年代有視頻記錄開始就

這麼鬧，楞真的沒出什麼意外事故，充分說明中國真是個法制且安全的國家。

相比之下，日本的一個小夥子就不開竅甚至有點愣，真的把日本的這麼一個大師一拳打得滿臉是血、暈厥倒地。他要是在中國，肯定得被某位習慣在逍遙椅裏讓人摸胸的大師嚴厲訓斥，「你不真實，你很危險了，我要真打你，你半個月都起不來，你信不信，你哪兒來的你！」

知行合一，是中國傳統文化的核心精神之一，既說得出，也做得到。作為用身體及個人生活來表現中國文化的太極拳來說，在這一點上，確是有許多不盡如人意的地方，怨不得別人懷疑和指指點點。

對於那些已經顫顫巍巍、雙腿羅圈僵硬的大師們嘴角泛白地大談搭手幾丈開外的口頭禪，已沒有非讓人家下不來台的必要，畢竟活幾十歲也不容易，但就是一些被圈內人讚為特級超級國際級太極拳實戰技擊大師的，也不能令人完全信服。他們雖然信誓旦旦地說，當場就能實驗，但實驗的對象除了親生兒子就是貼身徒弟，實驗方式還是德雲社式「說手」，話比動作多多了，「你看，敵方左手向我右胸摸來……慢點……左手！……出去吧你！」沒見誰拉個不認識的散打高手，一聲令下之後，不附帶任何解說地展現自己那些「妙性」已極的太極勁的。其實做得到，一定能說得出，做不到，說出的肯定也不是。

這裏說的真實，不是說不能試手，只是不要使自己的能力與現實生活脫離太遠，正如狹隘的唯技擊論無法被人接受，誰也不想把教學研討搞得鮮血淋漓。當然什麼事都

有例外，有些拳學家即使在歡慶宴會上談拳，也要以掐著別人脖子掀了滿桌子菜為結束。

　　所有的體育項目都是要儘量避免訓練中的無謂受傷，誰也不會讓自己的拳擊手還沒正式比賽就被打殘在訓練場中。而中國很多講實戰的拳卻是即使在擂台上贏不了誰，在訓練時也得以師兄弟的傷殘作為自己進步的標誌，甚至在一些武校，實戰訓練竟成了逼迫學員購買光碟書籍服裝等附件產品的有效手段。拳禪合一？連體育精神都談不到。儘量真實地演示，其目的是為了幫助把道理說清楚，真實地感受也是為了使道理能更高效地跟身體合而為一，而不是為了打而打。

　　都在批判說「古人功夫高，今人理論好」，但就是這理論方面，世面上見得到的，大多也很難見到真的融會貫通，能令從學者心開意解的。有些是把糊塗當深奧，總之越讓人糊塗越顯得深奧，太極、陰陽、五行、八卦、天干地支、奇經八脈、二十四節氣毫無關聯地生硬地扯在一起，感覺非要把一個活生生的人變成一塊最綜合的風水羅盤。不是習練者連發問的勇氣都沒有，是因為真的不知道該從何問起，如此，真的是融會，卻不見得是貫通。

　　還有就是把前人的幾部經典爛熟於心，甭管演講還是錄像，任何場合都能扛上十來分鐘，甭管引用得是否恰當或有意義，反正不失大體。有時候，如果趕上一個名家採訪集錦的資料，那個情景才真是沒有意思得大有意思，編輯完的最終效果就是，這個說太極者無極而生，那個說動靜之機陰陽之母，這個背一段行功心解，那個來一段五字

決，簡直就是太極拳經典誦讀的三千人群口相聲版。

　　無論如何，以上還起碼都是在拳理範圍之內，比起一些極端的毫無意義的胡言亂語，還是沒有太離譜。等理論講到了胡言亂語的階段，則真的是到達了令人啼笑皆非的境界，相信無論誰聽到諸如「什麼叫神明？就是我坐這兒你推不動我，因為我陰陽了！」或斷章取義經典中的語句，什麼「陰頂陽頂」、什麼「妙手空空」等等，每聽到這樣的話語，唯一的反應就只能是，老哥，您到底要說什麼！空說的是自性本無，旨在啟發人於動靜中放棄執著之念，不是伸出手還讓人看不見，站到那，只見一身兒衣服半空飄蕩。前面說過，學這個，去找劉謙，而練這個，定是出於內心的雞鳴狗盜。

　　是與不是，一言一默中即能盡顯無遺。孔子說：「人焉廋哉。」曾子說：「十目所視，十手所指，其嚴乎。」每一個人的每一個小心思，都如在光天化日之中如此昭然。但當人無法面對真實時，一定會選擇自欺欺人。每一個搞笑大師在表面上欺騙徒眾，而在表面之下，徒眾也同時為了滿足自己的造神需求而欺騙著大師們，西方人管這個叫集體無意識，佛說，這叫共業，翻譯過來就是起著哄的造孽。花邊八卦可以作為無聊的低級娛悅，但如果能夠對其進行深深的思考與感悟，則會給人以提升本質見地的啟發，沒有針對任何一個特定的人，只是希望我們每個人面對整體都能夠始終懷著尊重真實的敬畏之心。

　　達到真實是一個艱難的旅程，在修習拳學的過程中，能夠覺察和直面我們的功利心、勝負心、爭鬥心、嫉妒心

及所有的愚昧無明時，那麼每次欲說出「拳禪合一」的話，就會更加真正的謹之慎之，每一次談到「拳以載道」，都應該在心中汗顏。

四、合的是平凡

就如我們之前說過，幾乎每一個男孩在幼年都有舞刀弄槍的喜好，透過這個現象我們可以看到，這個現象其實跟刀槍無關，其更深刻的緣由是每一個人都攜帶著一個創造出不平凡的自我的企圖。攜帶著內心最深處的競爭性。所以無論是男孩舞刀弄槍還是女孩的對鏡梳妝，都是出自深處的自我意識的滋養。

我們靠所謂的不平凡來使自己區別於其他人，我們由相貌、財富、職業、地位、家庭狀況等來顯示自己的與眾不同，這就是為什麼所有的朋友聚會，大多是彼此在以上各項指標上的博覽會，而自我就是由這些虛無縹緲的指標支撐起來的幻象。

拳術和其他任何學術一樣，也可以成為自我的滋養，是使自己不同於其他人的一個良好工具。對於勝負、輸贏、名譽、地位，甚至財色，乃至是一個健康身體的追求，都可以附著在拳術修習之上。而如果勝負、輸贏、名譽、地位等成了修習中紮根於內心最深處的目的，就與拳禪合一的口號背道而馳了。

佛家及其他所有的智慧都是要看破這個虛假的自我，所以禪宗提倡出平常才是道，平凡才是道。

趙州從諗問南泉普願：「什麼是道！」南泉說：「平常心是道。」這個平常心，是禪宗最深刻的見地之一，其一方面肯定了腳踏實地安貧樂道的生活態度，而更深層的意義，是在於去除心中的繁雜妄念。因為人的自我是非常狡猾的，永遠可以為自己找到生根的土壤，並在不知不覺中茁壯成長。

一個人可以做到像孔子一樣「飯疏食飲水，曲肱而枕之，樂亦在其中矣」；也可以做到像顏回一樣「一簞食，一瓢飲，在陋巷，人不堪其憂，回也不改其樂」；還可以做到如百丈禪師般，「一日不做，一日不食」，但這個「心」是否能保持平常，卻很難做到。自我可以利用各種形式滋養自己，如果不能征服世界，不能得到無盡的財富，至少我的貧窮可以讓自己與眾不同；如果這個世間的財富和地位不能如願，但也許我可以成為一個受人尊重的聖人。所以聖人平常的生活是平常心在外在的反射投影，而普通人的平常裏，卻攜帶著非常的野心。

禪宗所說的平常心，可以理解為使心常平，平靜如無風的湖面，默默映照著天地。而這個使心常平，在拳術修習中是非常困難的，因為太極拳及所有內家拳的習練，很容易給許多妄念的滋長創造出空間。

在這個空間裏，習練者會在與世無爭的藉口下，編織自己的幻想，製造自己的鴉片，並堅信這些幻想在未來的某個日子總會實現，「太極十年不出門」，只要老哥幾個抱得夠曖昧親密，跳得夠嫵媚認真，總有一天能得了拳中三昧，這十年沒出，下十年唄。

另外，在高深莫測的理論中，也很容易生長出一系列的無稽之談和怪力亂神。只要有人說自己的拳法是王府裏傳出來的，就有人說自己的拳是從王府內院出來的，這個剛說給哪個先輩養老得了真傳，那個就宣稱從某個單位的傳達室的世外高人那裏得了秘訣。而爭來爭去的焦點，就是自己的獨特在於相較於普及的拳勢，增加了多少小動作。這個大師今天解密太極，那個大師明天就洩露天機，反正傳銷的都永遠不愁沒有鏈條，就隨便騙，對於所有的質疑，都可以用一句簡單的「沒到這個層次就不會懂」來搪塞。而且，即使在這個幻想的小圈子裏，勝負輸贏及名利之心的膨脹也令人不禁咋舌。

　　滿世界「未嘗一負」的大師，紛紛以弟子們瘋狂的自摔表演的方式來一較高下，弟子中越善良越單純的，被安排的特技也越危險。多少大師為關門弟子、正宗傳人的名分爭得面紅耳赤，又有多少互不服氣的大師，在一口氣之爭中，忘了修身養性的宗旨，真的傷了自己的身體。總之，拳禪合一的確是一個高的境界追求，但其艱難與危險卻不是我們普通人所能想像的。拳禪合一，不是酒桌上的野架戰績，當然也不是酒足飯飽之後揮毫一個禪字斗方，而是能否在平常的生活點滴中，「降服其心」。

　　太極拳等所謂內家拳功夫的最終階段，就是了知了心的運作，也就是禪宗平常心的這個心，這個心，也就是內家拳所說的內。心是創造一切萬有的源泉，其中，當然包括拳術所需要的力量及各種素質。之所以說「拳禪合一」，是因為內在功夫已經到了或接近了能夠認識到這個

心的程度。只有認識了這個心，才發現之前所有的包括健身、技擊、修道等在內的一切理由都是一個謊言，是一個「黃葉止兒啼」的引誘，才發現在智慧的汪洋面前，之前追求的一切，都不過是莊子所描述的車轍過後形成的泥水窪。既然有想合的願望，就要有粉身碎骨的勇氣，因為拳禪合一的結果，必然是拳的消失。

五、合的是勇氣和智慧

既然喊出了「拳禪合一」「拳以載道」的話，那麼就要有相應的見地與氣度。禪宗見地與氣度，就在於從始至終都不滿足於任何一個臨時答案的或虛幻的藉口，也不執著於任何與明心見性和終極智慧無關的方法與理論。禪宗的氣度就在於，可以超越一切干擾，直奔心的源頭，途中見魔斬魔，見佛殺佛。禪宗愛真理，勝過愛瞭解真理前的生命，因為不瞭解真理，生命將只是痛苦、迷惑和夢幻。這就是禪宗的大智慧。

禪宗之所以成為禪宗，在於它具有破除一切名相的勇氣，凡是看得見摸得著，能夠依託的，都是幻想，都在禪宗的破除之列。金剛經說：「凡所有相，皆是虛妄，見諸相非相，即見如來。」這種破除，就像剝洋蔥或捲心菜，層層去除後，見到的就是最終的空性。禪宗的這種毫不留情的剝離，最終是要對自己下手的，如果禪宗這個名相成為了達到智慧與真理的最後障礙，那麼也就是破除自己的時刻了。香嚴智閒說得好，「去年貧，猶有卓錐之地，今

年貧，錐也無」，要成就最終的智慧，需拿掉自己最後的依託，乾乾淨淨。老子說：「吾所以有大患者，為吾有身，及吾無身，吾有何患。」修道、見道都需要這個身，而得道時，這個身也是要拋棄的。

我們可以用一個小小的水罐取來海水，在水罐中瞭解海水，但當我們要得到整個大海，或者說融入整個大海時，這個水罐就一定要拋棄，要打得粉碎。

無身，其核心無的是身見。所謂見，就是對於虛幻產生的概念，這個概念就形成了我們對於特定事物的執著。

丹霞天然禪師路過一座寺廟，由於天氣很冷，就把佛殿上的木佛燒來取暖。院主看到了，大罵丹霞忤逆，丹霞很平靜地說，他燒佛像是為了得到舍利子。院主又罵：「這是木佛，怎會有舍利子？」丹霞說：「既然如此，那再拿兩尊佛像來燒吧！」丹霞燒的是人們的愚昧，是人們的自欺欺人。人們明明知道木佛就是木頭，燒不出舍利子，卻以衛道的精神執著於木佛，明明知道自己追求的並不是真理，卻還是信誓旦旦地宣稱著自己對智慧的追求。我們根本就不愛真理、不需要智慧，否則我們就不會把活生生的釋迦牟尼變成神壇上的泥塑，我們在泥塑身上鍍的金身，只是為了掩蓋泥塑的真相，更為了掩蓋我們對於愚昧的執著、對於真理的拒絕。

我們必須將活生生的釋迦牟尼變成泥塑，因為一個活生生的釋迦牟尼對於我們的生活只能是一種打擾。我們不能容忍一個佛出現在這個世界，因為他會摧毀我們的一切，甚至最終摧毀我們的身體。一個佛是令人感到危險

的，因為他會打碎我們所有的夢，把我們帶入真實。

我們的生活是痛苦的，但起碼它是已知的，而真實，則意味著未知。我們會抱怨生活中一切對於自己來說不公平不公正的事情，但我們不願意真的去改變，因為這種痛苦是安全的。我們每天都在抱怨老闆如何剝削我們，但我們卻不願意走出這個剝削，至少這個剝削給我們安全感和存在感，而外面的世界是未知的。

很多人都熟悉的一個故事，一個得道的師父，在他涅槃前，對所有的門徒說：「我馬上就要去佛的境界，回到一切的源頭，如一滴水回到大海，如燭光融入太陽，現在我可以帶你們所有的人一起走，只要你們願意。你們不需要再經過多年的打坐修行，不需要再每天重複繁瑣的祈禱儀式，不需要再苦讀汗牛充棟的經典，只要點點頭，就可以跟我一起走，馬上。」但沒有門徒說話，他們連動都不敢動，怕被認為是點頭答應了。

追求智慧，是需要真正的勇氣的，沒有這個勇氣，一切不過都是謊言和藉口。我們現在所謂的禪也好佛也好，都不過是被當作我們無明盲目生活的附屬品。如每月初一十五的燒高香，不過是便宜的投資，祈求高回報地換來自己世俗生活的財富與名利。禪也好，心靈也罷，被我們說得太多草率和輕鬆，認為禪就是焚香沐浴後換身乾乾淨淨的衣服品一杯茶，然後在橡膠墊子上或坐或臥地擺幾個姿勢自我陶醉，這樣的禪不過是白富美們小資情調的裝飾，用作佐以下午咖啡的甜點和瘦身瑜伽之外的談資。

禪或佛法才沒那個閒情逸致管那些雞零狗碎，智慧若

真的現了真形，哪怕只是剎那只是片刻，也會使眾生魂飛魄散，如口口聲聲好龍的葉公。

要得到智慧和見到真理，不是單純地崇拜釋迦牟尼，唯一的途徑是成為自己的牟尼。佛教的真實意義就在於教人如何達到智慧與解脫，但我們內心最深處的我執卻用盡一切辦法來迴避，因為真正的解脫，或者說成佛，就意味著自我的消失。所以對自我來說，最安全的辦法就是把佛做成泥塑，甚至把佛移民到其他的宇宙，然後告訴自己這是一個凡人不可能達成的目標，然後欺騙別人也欺騙自己說，自己正在達成智慧的道路上努力跋涉著，目標則永遠在不遠的但永遠到達不了的將來。

拳學已經是需要艱苦的付出，所以說，武不善做，而說出拳禪合一的話，則意味著粉身碎骨的勇氣。

不破不立，把一個事物瞭解得越是透徹，也就越有能力對其加以利用。老子說：「三十幅共一轂，當其無，有車之用。埏埴以為器，當其無，有器之用。鑿戶牖以為室，當其無，有室之用。故有之以為利，無之以為用。」我們用的不是泥碗本身，而是泥碗所形成的空間，我們住的不是房子，而是房子圍出的空間。泥碗，房子，都不具備自己的本性，都會衰敗以至消失，而那個空間則永遠存在。所以「有」只是我們利用的工具，並不是我們的目的，而且看上去的「有」實際上只是因緣的聚會，是虛幻的，反倒是「無」，才是永恆不變的真有。我們的世界是喧賓奪主和真假顛倒的，所以佛稱我們為「顛倒眾生」。利用是兩個字，臨時的、假的，都是利，也就是方便，真

的永遠不變的空，才是用。佛說，真空妙有。

太極拳也好，其他的內家拳也好，不過是「利」，是個方便，是指月的手指。只有領悟到這一點，我們才有可能高效率地對其進行高效的利用，正如與另一半的融洽生活以至白頭偕老，靠的不是片刻的慾，而是長期磨合後彼此深深地瞭解。

沒有用愛字，因為人並不瞭解什麼是愛，唯仁者能愛人，能惡人，佛有資格說愛，孔子有資格說愛，耶穌有資格說愛，我們沒有資格說，我們需要用一生甚至多生去學習愛。我們沒有資格說愛，但我們可以學習，我們可以透過另一半瞭解到我們的自私、我們的占有慾以及我們的愚昧。當我們發現我們與其他人的矛盾原因都其實是自己的原因的時候，我們也就開始了學習愛。同樣，當我們發現太極拳給我們帶來的所有困惑，都是我們自己的原因的時候，我們才開始了真正的學習與修練。

其實，我們在習練太極拳過程中絕大部分的困擾都是來自於我們自身的雜念，對於太極拳，我們強加了自己用外行的思維創造出的許多形象，並在上面附加了無數毫不相關的概念，潛移默化地使太極拳的習練成了我們滿足自我的另一種方式。有一位大師說，你不要練太極拳，要讓太極拳練你。先不去費心琢磨他要說什麼，但事實是我們真的不是在練太極拳，而是在改造太極拳，我們對太極拳所做的，正如我們對於儒釋道一切智慧所做的，不瞭解沒關係，至少我們可以用自己的方式毀，毀，彷彿是我們與生俱來的本事。

在把所有這些附加的、虛幻的以及無關的概念與形象完全去除乾淨之後，太極拳的訓練才有可能真正開始。禪宗強調平常心，並主張在生活中修行，也就是讓自己在每時每刻的生活中始終保持清醒和覺知。無論是吃飯飲水，還是勞作休息，都要觀照到自己的一舉一動與一言一默。在這種連綿不斷、不即不離的觀照中，我們每一個原來看來都非常普通的動作都將會有本質的變化。所有的動作，哪怕只是端起一個茶杯或在洗一個飯碗，哪怕是掃地或做飯，每個細節都會顯現出不徐不急的優雅，都會使整體的真相由過這個動作的品質而流露並瀰漫出去。這就是在生活中的修行，每天打坐兩三個小時，然後用另外的二十多個小時來放逸和保持昏沉，是毫無意義的。

所以生活中的修行是唯一的方式，因為即使是我們打坐、我們練太極拳或者我們跑到深山老林，我們還是沒有逃出生活，而這種衝破概念、不假形式，當下即是的修行，正是禪宗大智慧的體現。

磨磚作鏡是一個被人們講述了無數遍的禪宗故事。開元年間，有個叫道一的僧人住在傳法院裏，只是整天的坐禪。懷讓禪師觀察道一許久，知道他是個有悟性的人，就決定點撥他一下。懷讓問道一：「你天天這麼坐在這裏，為的是什麼呀？」道一回答說：「當然是為了成佛了！」懷讓立刻找來一塊磚頭在房前的一塊石頭上磨了起來。道一覺得很詫異，便問：「大師，您這是要做什麼呀？」懷讓說：「我要把這塊磚頭磨成鏡子。」道一覺得很可笑，便說：「磚頭怎麼可能磨成鏡子！」懷讓立刻回答道：「既

然磚頭磨不成鏡子，那麼坐禪又怎麼能成佛呢！」道一繼續問：「那到底怎麼做才正確呢？」懷讓反問他：「如果一個人駕著牛車，車不走的時候，是應該打車呢，還是應該打牛呢？」道一當時就愣在了那裏不知所措了。

懷讓趁熱打鐵，為道一開示：「你到底是在學習坐禪，還是學習坐佛？如果是學坐禪，禪並不是坐或臥；如果是在學坐佛，佛也同樣沒有固定的相狀。事物變化不定，不應有所取捨，所以如果坐佛就是殺佛，如果執著於坐相是不能達到真理的。」

據說，道一聽完這一番教誨，立刻如醍醐灌頂一般的清醒了。但相信我們普通眾生即使是在這麼掰開了揉碎了的講解中，仍然是一頭霧水。這個故事每次被引用的時候，都是將重點放在了「磨磚豈得成鏡，坐禪豈得成佛」上，這句本來是要人們破除「法執」的話，卻讓我們理解為，做什麼都沒用。但只破未立，到底怎麼樣才有用，誰也沒有說清楚，否則，懷讓之後的話就應該能夠使我們徹底明白。

有破無立，很容易使人失去信心，既然怎麼做都不是，我們在迷惑中甚至會選擇索性放棄。但問題的關鍵並不是磨磚或坐禪，關鍵在於如何利用磨磚和坐禪。磨磚當然不可能把磚頭磨成鏡子，但如果我們帶著覺知去磨，就會由磨磚而對磚產生深刻的瞭解，瞭解「磚性」，同樣如果我們帶著全部的覺知去坐禪，就會對自己有所瞭解，瞭解「自性」。磚也好，我們自己也好，同樣攜帶著天地的屬性。真的把磚磨透了，就透了磚性，真的把自己坐沒

了，也就見了本性。所以應該說，磨磚雖不能成鏡，但卻有機會成佛。這就是「格物致知」。

我們沒有大智慧，那麼一個工具就是有必要的，所以格物致知就是有必要的。禪宗於生活中修行的平淡與優雅，可以帶給我們時時刻刻的啟發，既然說拳禪合一，拳自然也是應該這麼練的。禪宗說，「飢時吃飯困時眠，做什麼時，就全身心做什麼」。孔子說，「君子素其為而行」，也說過「不在其位，不謀其政」的話，都體現的是全身心的合一，這也是拳術中所求的整勁，整不是全體皆僵，而是心無旁鶩時，四肢百骸的極度協調。

只有心無旁鶩，人才能漸趨純淨，練拳時只是觀照著身體在運動中每個細節的微妙變化，像欣賞音樂，如看畫，僅僅是音符在，畫在，人在；同樣，練拳就是在肢體的連綿不斷中，我在。在具體外在的操作中，拳禪合一就是要在訓練的每一個不同階段和層面，都保持這種單純和純淨，體現在外，就是肢體動靜轉折中的放鬆、柔和、緩慢和優雅。

比如僅僅是一個直立的毫無動作的預備式，也是要在優雅中培養並逐漸擴大自己的覺知度。要有第一次體會並察覺到自己是站立在大地之上的感覺，要用心去感受這個站立時身體每一個細微部分的狀態。一切都是如此完美，全身的每一塊肌肉每一塊骨骼都配合得如此天衣無縫，每一次呼吸每一個心跳，都與周遍全身的血脈如此合拍，僅僅一個靜立，已經奏出了生命的交響，這個站立本身就是天地間鬼斧神工的奇蹟。這奇蹟，會使人有大感動，不僅

僅是頭腦中的感動，而是全身心的感動，在這感動中，每一個細胞都在舞蹈，慶祝自己當下一刻的在。

這個在，就是覺知的在，什麼氣沉丹田，什麼經脈走向，什麼穴位關竅，所有庸人自擾的紛擾通通放下。即使白骨禪觀最後也是見到虛空粉碎，那麼守著自己的肚臍眼，或編造自己從未真正感受過的什麼運轉車河，都還不過是執著幻象的燕雀井蛙。大道至簡，簡，首先說的是心境的單純和純淨。

如此的站立，就是樁，至此是稱其為無極樁還是渾元樁，真的是無所謂的事了。王薌齋的拳學訓練中有試力一項，他稱試力為站樁的延伸，又說一切動作皆是試力，那麼太極拳架當然也是。拳架是站樁的延伸，就是要在運動中，將在預備式這簡單一站當中獲得的大感動與覺知保持住。一個簡單的站立便讓我們體會到了人生為萬物之靈的妙處，以及天地造物之美，那麼舉手投足的移動，則更是奇蹟中的奇蹟。

每一次舉臂或是邁步，我們都要在其中賦予彷彿是第一次留意到的關注，在這樣的關注和感動中，在頭腦的停止和安靜中，我們的覺知就會逐漸顯現和擴大。而覺知的不斷擴大，會讓我們對於自身的體察越來越細微，從肌肉的收縮，骨骼的摺疊，到血液的流動和氣脈的運行，層層深入地顯現。隨著細節的逐漸顯現，我們也會於身體及外界不斷有新的震撼，如此良性的循環往復，便為漸入佳境。這就是內家拳樁法與慢練在拳禪合一中的體現。

有了這樣的認識和感受，便逐漸弱了對形式與名相的

執著，練陳式的也好，學吳式的也罷，還是形意、八卦等等，都不用有任何變化，不用去變換拳種，或從頭學習其他的形式，就本來的所學，都是非常好的觀照自己培養覺知的途徑。曾有人發表論述，比較傳統太極拳套路和現代簡化套路的優劣，其批駁簡化套路的理由之一竟是說，傳統套路運動時用腰脊，簡化套路運動時不用腰脊。難道將動作重新組合一下就不能再用腰脊了？簡化套路就失去用腰脊可能了？拳術的優劣怎麼會在動作的組合與多寡！荒唐可笑。

覺知，將使一切動作的品質不同，不僅僅是拳術動作的品質，還會延伸到生活中的一舉一動，覺知，也終將變化生活及生命的品質。之後，一層重樓一層天，各種境界不斷柳暗花明，這些在先輩拳道大家的文字中都有論述。但學問的意境，起個頭就夠，太多的「劇透」只會毀了一部好戲，且奪了人心的感受能力。拳與禪的教化，也是著重引人入門的誘惑設計，知己與見性純是自己的事，所有的干預，無論是好心還是歹意的，結果都一定是弊大於利。禪字拆解，則為示單，顯示出了在智慧的旅途中，每一個個體都是如此單獨，誰也無法彼此替代他人任何的體會和感悟。畢竟，拳禪都是「如人飲水冷暖自知」的學問。

後記——
萬事之意無非明白

　　雖萬物輪轉，永無止休，但就單獨一世的人生來說，平均不過數十載，至多不到三萬天，正所謂人生苦短。人生苦短，是因為短而苦惱，但事實是，即使此生再長，也是「是生是苦」，且苦海無邊。一切苦，歸根結底都源於無明，面對生命中所有的事無鉅細，其結果都是「為什麼是我，為什麼會這樣」。

　　人們喜歡為自己找答案，習慣為自己設計目標，因為這樣做，就可以暫時忘掉無明之苦。有很多人為自己設計了三年目標、五年目標、甚至是十年目標，其內容歸納起來，不過是賬戶上數字後面多幾個零、名下多加幾筆房地產或物理和平文學等紅花獎狀的榮譽。這種做法可謂聰明，對外冠冕堂皇，於己心安理得，萬一成功還可獲得世人的唏噓讚歎。

　　五年為一期，或十年為一段，其人生只需關注聊聊數個設定目標的點，其餘大部分的生命就都可以不在留意、不再覺知，不用去活。而且這樣做同時可以為生命中所有的苦難找到了替罪羊，一切都可以歸結為對於目標的追求與奮鬥所必須的付出，而無需再過深地追究什麼才是我們

命運背後的真正驅使。

最重要的，是躲避了每天每時每刻面對生命的困惑與尷尬，如每天以事業為由奔波在外的男人，大多不過是避免在家面對另一半時的無奈。惹不起，躲得起，是我們對於生命中一切難題的辦法。

這是聰明的做法，但聰明並不等同於智慧，聰明甚至在大多數情況下都會成為智慧的干擾與障礙。聰明如考試時的作弊，智慧則是要擁有解答所有疑問的萬能鑰匙，聰明或許可以助人暫時躲過一劫，但遲早會帶來萬劫不復，智慧雖然需要堅定不移的努力，但一旦觸及，面對的將是真實的自由與永恆。

有一次，禪宗三祖僧璨正在法會中宣講佛法。在聽講的僧眾當中有一個小和尚，當時才十四歲。

這個小和尚走過來禮拜了僧璨之後，就直接問：「什麼是佛心？」

僧璨回問他，「你現在有的是什麼心？」小和尚說：「我現在沒有心。」

僧璨說：「既然你都沒有心，難道佛就應該有心嗎？」小和尚繼續說道：「那就請您教給我解脫的方法吧。」

僧璨看著小和尚說：「解脫？有人用繩子捆著你了嗎？」小和尚說：「沒有啊。」

僧璨回答道：「既然沒有人捆著你，又求什麼解脫呢！」這個小和尚一下子就開悟了，他就是後來的禪宗四祖道信。

這個「無人縛汝」的故事說的就是我們的狀態。我們

給自己編織出無數的謊言和理由，我們給自己編織出無數的繩子，並將這些繩子一條條緊縛在身上。

我們甚至把其中的繩子命名為尋求解脫，命名為尋求真理。我們就是在用這些繩子和自己做著各種各樣的捉迷藏的遊戲，所有這些遊戲的設計，只是為了一個目的，就是逃避面對自己。

一言以蔽之，我們在世間做的一切事情，如果不是以覺醒為目標，不是以智慧為終極境界，則無論士農工商藝，無論做什麼，皆不過是錯過生命的無聊藉口以及麻醉自己的愚昧謊言。就太極拳修練來講，即使真的不是愚昧的不知所云的自欺欺人之徒，真的下苦功鑽研的，也要，或者說遲早會面對這個現實，面對這個人生中唯一的課題。試想，即便真的練成了世俗所設定的目標，則長命百歲又如何，天下無敵能怎樣，如果沒有用覺知之光掃盡無明，那麼面對生命最終的疑問，只能仍是保持著渾渾噩噩的無知，抱著虛幻的成果，糊塗一輩子。

但不做無聊之事，何以遣有涯之生，首先要瞭解，我們的無聊及我們所做的一切的無意義，都是因為我們的無知。然後才能從中體會到，若能經由所有這些無聊之事獲得瞭解，獲得我們所說的知，真正明白一切的來龍去脈，我們的一切也將會有本質的變化，一切無聊之事也將充滿無限的意義，如蛹之化蝶，如土變成了金。

中國人說煉丹，西方人講煉金術，都是在說，覺知將使生命產生飛越的質變。總之，獲得覺知，才是我們瞭解生命的唯一途徑。

後記‧萬事之意無非明白——

一個成功的有錢人去找一位得道的修行人，因為無論是財富還是名譽都只能帶給他非常短暫的滿足感，他心中的煩惱與痛苦彷彿與他所追求到的一切都沒有關係，只是一直在那裏持續地打擾著他。更嚴重的是，隨著他擁有越來越多的財富和越來越高的名譽，那份痛苦彷彿也越發的清晰與強烈起來。於是他決定去找一位得道的修行人求助，縱然得不到答案，縱然找不著解決的辦法，他也希望能夠從中得到一些重要的啟示。

　　「這就是我的問題」，這個有錢人對得道的修行人敘述了自己的痛苦，也提出了自己的要求，他說：「我真的需要你的幫助，縱然不能從根本上解決我的痛苦，至少你可以給我一些啟示。」

　　「那你就去大街上站十分鐘吧」，這就是得道的修行人針對這位有錢人提出的要求所給出的唯一回答。有錢人有些遲疑，因為外面下著大雨，而且他真的不明白去大街上站十分鐘有什麼意義。但他最後還是按照指示站到了大街上，站到了大雨裏，在所有的未知面前他沒有任何選擇，他也沒有能力選擇。

　　一個穿著體面的有錢人，就這麼在大街上站在大雨裏，沒有說任何話沒有做任何事，只是單純地站在雨裏。所有打著傘或穿著雨具匆匆路過的行人，都禁不住對他看上幾眼，不知道這個人在做什麼。有結伴而過的人還會對他評價幾句，大意都是，「這個人一定是個傻瓜」。

　　十分鐘過去了，有錢人落湯雞般地衝進修行人的屋裏，他感到非常的憤怒，他覺著自己被耍了。「我就這麼

聽你的在大雨裏站了十分鐘，可是我什麼都沒有得到，我什麼啟示也沒有得到，我只聽見大家說我是個傻瓜！你要給我一個解釋！」

修行人靜靜地看著他，緩緩地說：「你僅僅用了十分鐘就知道了自己是一個傻瓜，你知道這是一個多麼偉大的啟示！」

無論富貴或是貧窮，也不管社會地位的高貴與卑微，每個人都擁有活明白的權利和機會。而這個明白的權利和機會，也正是眾生平等的真實意義所在。還有，我們談的，其實不僅僅是太極拳。

後記‧萬事之意無非明白──

養生保健 古今養生保健法 強身健體增加身體免疫力

歡迎至本公司購買書籍

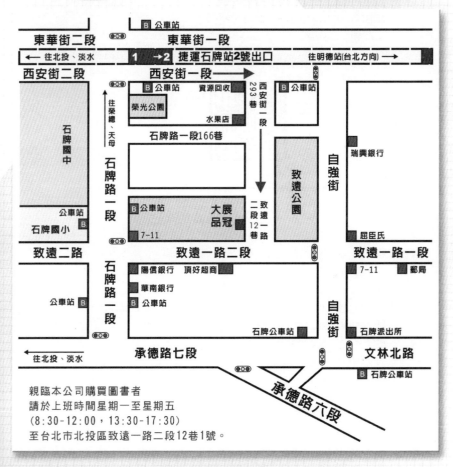

親臨本公司購買圖書者
請於上班時間星期一至星期五
(8:30-12:00，13:30-17:30)
至台北市北投區致遠一路二段12巷1號。

建議路線
1.搭乘捷運
　　淡水信義線石牌站下車，由月台上二號出口出站，二號出口出站後靠右邊，沿著捷運高架往台北方向走(往明德站方向)，其街名為西安街，約80公尺後至西安街一段293巷進入(巷口有一公車站牌，站名為自強街口，勿超過紅綠燈)，再步行約200公尺可達本公司，本公司面對致遠公園。

2.自行開車或騎車
　　由承德路接石牌路，看到陽信銀行右轉，此條即為致遠一路二段，在遇到自強街(紅綠燈)前的巷子左轉，即可看到本公司招牌。

國家圖書館出版品預行編目資料

拳意禪心 / 關玥著.
——初版，——臺北市，大展，2018 [民 107.10]
面；21 公分—（武學釋典；31）
ISBN　978-986-346-226-2（平裝）
1.武術　2.中國
528.97　　　　　　　　　　　　　　107013310

拳 意 禪 心

著　　者／關　　玥
責任編輯／張 保 國
發 行 人／蔡 森 明
出 版 者／大展出版社有限公司
社　　址／臺北市北投區（石牌）致遠一路 2 段 12 巷 1 號
電　　話／（02）28236031，28236033，28233123
傳　　真／（02）28272069
郵政劃撥／01669551
網　　址／www.dah-jaan.com.tw
E - m a i l／service@dah-jaan.com.tw
登 記 證／局版臺業字第 2171 號
承 印 者／傳興印刷有限公司
裝　　訂／眾友企業公司
排 版 者／菩薩蠻數位文化有限公司
授 權 者／山西科學技術出版社
初版 1 刷／2018 年（民 107）10 月

定價／300 元

大展好書　好書大展
品嘗好書　冠群可期

大展好書　好書大展

品嘗好書　冠群可期